Dalai Lama

Das Auge der Weisheit

Grundzüge der buddhistischen Lehre für den westlichen Leser

Aus dem Englischen
von Ulli Olvedi

Knaur
MensSana

Einzig berechtigte Übertragung aus dem Englischen von Ulli Olvedi.
Titel der Originalausgabe: *The Opening of the Wisdom Eye*

Besuchen Sie uns im Internet:
www.droemer-knaur.de

Vollständige Taschenbuchausgabe 2003
Droemersche Verlagsanstalt Th. Knaur Nachf., München

Umschlaggestaltung: ZERO Werbeagentur, München
Umschlagabbildung: Photonica, Hamburg
Druck und Bindung: Nørhaven Paperback A/S
Printed in Denmark
ISBN 3-426-87201-3

2 4 5 3 1

Knaur
MensSana

INHALT

Das Auge der Weisheit

EINFÜHRUNG SEINER HEILIGKEIT DES DALAI LAMA

Ich habe dieses kleine Buch im Gedanken an die Bedürfnisse der Menschen im Osten und im Westen geschrieben, die sich um den rechten Weg bemühen und das Wissen um die Lehre (Dharma) des Buddha erlangen wollen. Sein Dharma ist wahrhaft tief wie ein Ozean, und er gebrauchte zu seiner Erläuterung viele geeignete Mittel, die seiner Allwissenheit Ausdruck gaben. In späteren Zeiten entwickelten die großen und weisen Lehrer Indiens manche ergänzende geeignete Mittel, und im vorliegenden Buch versuchte ich, beide – die ursprüngliche Lehre und ihre späteren Weiterentwicklungen – darzustellen, ohne dabei philosophische Feinheiten und strittige Punkte zu berücksichtigen, um die Aufmerksamkeit ganz den Fragen der praktischen Anwendung widmen zu können

Die Bemühungen des »Council for Cultural and Religious Affairs« um die Veröffentlichung dieses Buches sollen hierbei besonders gewürdigt werden.

Gelong Tenzin Gyatsho,
der XIV. Dalai Lama

Am Tag des Vollmonds des 3. tibetischen Monats im 937. Jahr der Rabjong-Ära* (8. Mai 1963)

* Seit der Einführung des Kalachakra (des Rades der Zeit) in Tibet. »Gelong« als Teil des Namens Seiner Heiligkeit ist die tibetische Entsprechung zu Bhiksu oder voll ordinierter buddhistischer Mönch.

VORWORT DER ENGLISCHEN ÜBERSETZER

Dieses Buch Seiner Heiligkeit des Dalai Lama wurde mit der Absicht geschrieben, jene Leser zu informieren, die etwas über die grundsätzlichen Aspekte des Buddhadharma in Tibet erfahren wollen. Außerdem berührt es eine Reihe von Punkten, die von praktischer Bedeutung für alle sind, die den Weg des Dharma beschreiten wollen, wobei auch einige verdrehte und eigenartige Vorstellungen berichtigt werden, die von manchen Leuten, die mit der tibetischen Form des Dharma in Berührung gekommen sind, verbreitet wurden.

Die Übersetzer möchten in diesem Vorwort einige Randbemerkungen zum Verständnis des Lesers machen. Die erste betrifft die Art und Weise, in der dieses Buch übersetzt wurde, wie auch die genaue Methode der Übersetzung. Im letzten Jahr (2508/1965) trafen sich während ihres Sommeraufenthalts* drei bhikkhus (Mönche) regelmäßig im Kloster Wat Bovoranives zur Übersetzung einiger kleiner buddhistischer Arbeiten aus dem Tibetischen. Die Mitglieder des Teams waren der Ehrwürdige Thubten Kalsang Rinpoche aus Tibet,

* Engl. »Rains Residence«. Die buddhistische Mönchsregel sieht vor, daß während der dreimonatigen Regenzeit die Mönche in einem Kloster festen Aufenthalt nehmen und während dieser Zeit besonders dem Studium der traditionell gewachsenen, umfangreichen Mönchsregel obliegen. Anm. d. Übers.

** Bhikkhu Khantipalo.

der Ehrwürdige Nagasena aus Indien und der Autor** aus England. Einige der Früchte ihrer Tätigkeit erschienen in einem Buch mit dem Titel *The Wisdom Gone Beyond* (hrsg. von der *Social Science Press of Thailand*, Bangkok), das unter anderem die Übersetzung der tibetischen Fassung der *Schrift von der Barmherzigkeit* (Suhṛllekha) des Ācārya Nāgārjuna enthält, und zwei Bände mit Dharma-Gleichnissen unter dem Titel *Trees and Water.* Nachdem diese Arbeiten beendet waren, suchten die Übersetzer nach neuen lohnenden Aufgaben.

Das hier übersetzte Buch war kurz zuvor von Seiner Heiligkeit dem Dalai Lama verfaßt worden, und eine Übersetzung in Hindi lag bereits vor, da vielfach darum gebeten worden war, daß dieser Dharma den indischen Lesern zugänglich gemacht werden sollte. Kazi Sonam Topgay, der Dolmetscher Seiner Heiligkeit, hatte sich daran gemacht, das gesamte Buch ins Englische zu übertragen, es aber nicht abgeschlossen. Zu diesem Zeitpunkt wandte sich der Ehrwürdige Thubten Kalsang Rinpoche, der mit seiner Heiligkeit in Verbindung stand und vom *Council of Cultural and Religious Affairs* S. H. des Dalai Lama sowohl die Hindi-Übersetzung wie auch die teilweise fertiggestellte englische Übersetzung erhalten hatte, an den Ehrwürdigen Nagasena und den Autor mit der Bitte, daß wir bei der Übersetzung dieses Werkes mithelfen sollten. So kam es dazu, daß der Ehrwürdige Rinpoche zum Zweck der Übersetzung den tibetischen Text erhielt, mein verehrter Freund Bhikkhu Nagasena die Hindi-Version in seine Obhut nahm und der Autor das englische Manuskript bekam. Von den zwei letzteren Fassungen zeigte die Hindi-Übersetzung eines ehrwürdigen Lama in Indien, die mit dem Beistand eines berühmten Sanskrit-Gelehrten verfaßt worden war, die Tendenz, bestimmte Aussagen, die im Original kurz gefaßt waren, manchmal in großer Breite auszuführen. Dies war häufig ein Vorteil, denn das tibetische Original schien an einigen Stellen überaus gerafft formuliert, so daß wir eine Reihe dieser erläuternden Teile übernahmen, wenn wir der Überzeugung waren, daß sie den Lesern der englischen Fassung dienlich sein würden. Auch fanden wir in der Hindi-Übersetzung einige Redewendungen, die spezifischen Hindi-Charakter hatten, und wenn wir beim Überprüfen des tibetischen Textes keine Entsprechung dazu fanden, schien es ratsam, sie hier wegzulassen.

Hingegen hielt sich das englische Manuskript – in Maschinenschrift und zu drei Vierteln beendet – eng an die Kürze des Originals, aber da die Übersetzung einer umfassenden Erweiterung und korrekter Entsprechungen zu den buddhistischen Termini bedurfte, war einige Vorsicht damit geboten. Doch wurden auch gelegentlich Sätze und Wendungen direkt aus dem ursprünglichen Werk entnommen, soweit sie den Sinn unmißverständlich ausdrückten.

Was die Methode der Übersetzung betrifft, so gingen wir des weiteren in folgender Weise vor: Der Ehrwürdige Rinpoche und der Ehrwürdige Bhikkhu Nagasena kamen zu festgesetzter Zeit in das Zimmer des Autors. Der Ehrwürdige Rinpoche hatte eine eigene Hindi-Übertragung des tibetischen Originals ausgearbeitet, da er mit dieser Sprache vertrauter war als mit Englisch, und er überprüfte sie Satz für Satz anhand der gedruckten Hindi-Fassung des Ehrwürdigen Nagasena. Dies gab von Zeit zu Zeit Anlaß zu Diskussionen über unklare oder schwierige Punkte, von denen manche in Thailand nicht geklärt werden konnten, aber in Indien endgültig klargestellt wurden, als das Manuskript zur Überprüfung an Seine Heiligkeit den Dalai Lama zurückgeschickt wurde. Die Übersetzungsarbeit wurde fortgesetzt, indem der

Ehrwürdige Nagasena eine wörtliche Übertragung ins Englische vorlas, in welcher alle buddhistischen Fachbegriffe in Sanskrit beibehalten wurden, von denen uns die meisten geläufig waren. Diese wortgetreue Übersetzung wurde daraufhin zusammen mit einem nötig erscheinenden erklärenden Teil in des Autors kurze Aufzeichnungen aufgenommen. In der Form dieser flüchtig festgehaltenen Hieroglyphen blieb sie bis nach der Eröffnung des Tempels, der von der Thai-Regierung und dem Sangha in London errichtet worden war, liegen. Nach seiner Rückkehr schrieb der Autor die Kurzfassung in, wie er hofft, lesbarem Englisch nieder. Die gesamte Arbeit wurde dann noch einmal geschrieben, wobei Korrekturen sowohl am Inhalt wie an der stilistischen Form und auch eine Erweiterung der Anmerkungen hinzukamen. Mein verehrter Freund Bhikkhu Pasadiko arbeitete das Buch sorgfältig durch, wobei er Verbesserungen vorschlug und Ungenauigkeiten der diakritischen Sanskrit-Zeichen korrigierte. Die endgültige Übersetzung wurde vom Ehrwürdigen Rato Rinpoche und Herrn Gyatsho Tshering vom »Council for Cultural and Religious Affairs S. H. des Dalai Lama« überprüft.

Zu den Anmerkungen ist nun noch etwas zu sagen. Mit Ausnahme der zweiten und einiger anderer zeichnet der Autor für sie verantwortlich – und er bittet die Gelehrten um Verzeihung für seine diesbezügliche Unzulänglichkeit. Die nicht vom Autor verfaßten Anmerkungen sind die Arbeit des ehrwürdigen Übersetzers der Hindi-Ausgabe. In den Anmerkungen wurde neben der Erklärung von Punkten, die eindeutig der weiteren Ausführung bedurften, der Versuch gemacht, durch Vergleiche oder auch gelegentlich durch Gegenüberstellungen die Wege und Kategorien des Dharma in Tibet zu denen des Theravada in Beziehung zu setzen. Der

Grund hierfür liegt nicht nur in dem Empfinden vieler Buddhisten, daß uns mehr verbindet als trennt – es lassen sich ja auch tatsächlich zahlreiche gemeinsame grundlegende und praktische Lehren feststellen, die wir etwa als »Wurzel-Dharma« bezeichnen können –, sondern auch darin, daß viele Leser mit den Übersetzungen des Pali-Kanon (Tripitaka) relativ vertraut sind. Dies trifft besonders auf die gewaltige Fülle von Buddhas Lehrreden zu, die darin enthalten sind und welche die Grundlage für die Lehre des Theravada und der Sarvastivada-Tradition bilden, wie sie noch heute aus Werken wie dem berühmten *Abhidharmakośa* gelehrt werden. Es wird darum auf diese Lehrreden (Sutta) dort Bezug genommen, wo gleiche oder ähnliche Gesichtspunkte innerhalb dieses Werkes abgehandelt werden.

Es ergab sich außerdem die Frage nach der Handhabung der aus dem Tibetischen in Sanskrit übersetzten Fachausdrücke. Diese wurden im allgemeinen im Text beibehalten, zusammen mit einer, wie ich hoffe, adäquaten Übersetzung. Eine vertraute Beziehung zu den grundlegenden Ausdrükken, die im Dharma gebräuchlich sind, ist unbedingt erforderlich, und da viele davon nicht mit völliger Genauigkeit übersetzt werden können, sollten die Sanskrit-Originale im Gedächtnis behalten werden, und man sollte sich darum bemühen, die Breite ihrer Bedeutung zu verstehen. In einigen Fällen bleiben sie unübersetzt (Buddha, Dharma, dharma*, duhkha usw.) mit Anmerkungen bei ihrem erstmaligen Auftreten. Der wiederholte Gebrauch macht mit diesen wenigen Begriffen schnell vertraut.

Noch ein Wort zum Aufbau des Buches. »Die Geschichte der Entwicklung des Dharma in Tibet«, die in der Hindi-

* Der Dharma – Gesetz, Lehre; die dharmas – geistige Erscheinungen. Vgl. Fußnote S. 27.

Ausgabe als Anhang erschien, wurde hier dem eigentlichen Werk vorangestellt, mit dem Gedanken, daß dies eine einfache Einführung in die Materie dieses Buches darstellen würde. Leser mit wenig Informationen über die buddhistischen Lehren werden in diesem Teil keine Schwierigkeiten finden. Der Autor möchte vorschlagen, danach zuerst das Kapitel über »Dharma« zu lesen und daraufhin die »Dreifache Übung«, welche die Tugenden, die Sammlung und die Weisheit umfaßt. Wenn dieses Material sorgfältig gelesen wurde – und vor allem die Ausführung über die Weisheit erfordert dies –, so möge sich der Leser zum Anfang des Buches zurückbegeben und es in der vorgegebenen Ordnung durchlesen. Dies Buch will mehr als gelesen sein, und sollte jemand einen Lehrer haben, der in der Lage ist, es zu erläutern, so können viele Dinge, die hier in kurze Abschnitte zusammengefaßt wurden, von diesem in all der wundervollen Tiefe des Dharma erhellt werden.

Jeder, der den Dharma studiert hat, wird erkennen, daß es sich um ein Thema technischer Art handelt, denn das, worum es geht – Geist und Körper und ihr Training auf dem Weg zur Erleuchtung –, ist äußerst komplex und verlangt eine exakte und technische Behandlung. Verwirrungen sind manchmal unvermeidlich, zumal die Allgemeinheit der Menschen selbst aus einem Wirrwarr von Gier, Abneigung und Täuschung besteht. Die Wege, an sich selbst zu arbeiten und dabei anderen zum Wohle zu dienen, wie sie hier beschrieben sind, sind die Grundlage für alle Arten des Dharma. Sie sind gute Beispiele für das Wurzel-Dharma, das gemeinsame Erbe des Theravada wie des Mahayana, denn nur auf dem Boden der Praxis kann die Harmonie zwischen scheinbar divergierenden Traditionen gesucht werden. Wenn man sie näher betrachtet, sind die Übungen gar nicht so sehr verschieden.

Lebendige Praxis, nicht einfach Glaube, bildet die Essenz der buddhistischen Lehre. Hier und jetzt, im täglichen Leben oder in der Zurückgezogenheit, als Mönch oder als Nonne, als männlicher oder weiblicher Laie, kann man den Dharma üben, wenn man nur will. Und was ist das, kurz gesagt, für eine Übung? Die ersten Schritte sind diese:

»Widerstand gegen das Böse
und Zunahme des Geeigneten.«

Das erste erreicht man, indem man sich an die Regeln hält und sie mit Aufrichtigkeit und Reinheit befolgt. Die zweite Forderung wird durch sehr einfache, aber wesentliche Dinge erfüllt, wie etwa Freigebigkeit gegenüber jenen, die der Unterstützung bedürfen, Hilfsbereitschaft für jene, die Beistand brauchen, Achtung vor denen, die achtenswert sind, und Güte gegenüber allen lebenden Wesen, den menschlichen und den nicht-menschlichen. Man kann diese Schritte nicht zugunsten intellektueller Studien vernachlässigen. Kein noch so umfangreiches Bücherstudium oder das Anhören von Vorträgen kann die Notwendigkeit ersetzen, das Geeignete (kuśala) im eigenen Herzen wachsen zu lassen. Verdienst (puṇya) oder »das, was säubert und reinigt«, ist die Grundlage jeglicher buddhistischer Praxis, und es sollte jede Gelegenheit wahrgenommen werden, um den größtmöglichen Fortschritt im Anwachsen des Geeigneten und der Zerstörung des Bösen zu ermöglichen, denn dies ist der Pfad der Reinheit, und ohne ihn kann man keine Erleuchtung erwarten. Bücher und Vorträge sind Mittel der Information. Hat man das notwendige faktische Material beisammen, so sollte man versuchen, einen guten Lehrer zu finden, der in der Lage ist, zu erklären, wie das zusammengetragene Wissen im eigenen Leben angewandt werden kann. Die Praxis kann nicht in Form von Bücherwissen ausgeübt werden, sondern nur in der Anwendung des Dharma im täglichen Leben des einzelnen. Darum ist nur der ein Buddhist, der in sich die Freigebigkeit, Hilfsbereitschaft, Ehrerbietung, Güte, Geduld, Zufriedenheit usw. entwickelt und an dem diese Qualitäten sichtbar werden. Er kann außerdem auch sehr gelehrt sein, aber das muß nicht auf jeden guten Buddhisten zutreffen.

Zweitens bedeutet die buddhistische Praxis die Übung und Entwicklung von Geist-und-Herz (citta), was oft als »Meditation« bezeichnet wird, das wir jedoch hier zutreffender »Sammlung« nennen wollen. Dies kann nicht mit Erfolg ausgeführt werden, wenn nicht zuvor bis zu einem gewissen Grad die Reinheit des Geistes geschaffen wurde – durch »Widerstand gegen das Böse und Zunahme des Geeigneten«.

Wie in jeder Art von Übung, so kommen auch im Dharma die ersten Dinge an erster Stelle, und wenn jemand im Zweifel ist, wo er zu beginnen habe, so kann er nichts Besseres tun als Zurückhaltung zu üben und Verdienste zu erwerben, denn das heißt wirklich, am Anfang anzufangen.

Es ist der ernsthafte Wunsch der Übersetzer, daß der Dharma des Großen Mitleidsvollen in die Herzen aller weisen Menschen dringen möge. Und bald, sehr bald, wie wir hoffen, möge das tibetische Volk von Unterdrückung befreit werden, auf daß es wieder ungestört den Dharma leben kann.

DIE GESCHICHTE DER ENTWICKLUNG DES BUDDHADHARMA IN TIBET

In Tibet wurde die hohe Lehre des Buddha überall befolgt. Da es eine große Anzahl von Mißverständnissen gibt, was die Meinungen über die tibetische Praxis des Dharma betrifft, halten wir es für nötig, hier einen kurzen geschichtlichen Überblick über die Entwicklung des Dharma in unserem Land zu geben.

Tibet ist geographisch in drei Hauptregionen aufgeteilt – in U-Tsang, Do-Töd und Do-Mēd. Es findet sich nicht der kleinste Ort in diesen drei Regionen, bis zu dem der Buddhadharma sich nicht ausgebreitet hat, so daß wir sagten, der Dharma leuchtet und verbreitet sein Licht wie die Sonne über das ganze Land Tibet.

Zeitlich gesehen fällt die Geschichte Tibets in zwei Teile: die Entwicklung der Lehre im Altertum und die spätere Entwicklung.

Der 32. König Tibets war Srong-tsen-Ganpo (650 n. Chr.), der den Thron im Alter von dreizehn Jahren bestieg und danach eine sehr religiös orientierte Herrschaft ausübte. Ihm war es zu verdanken, daß der Dharma zum erstenmal Tibet erreichte, und dank seiner Bemühungen wurde eine Reihe von Tempeln in Lhasa, Tra-Drug (Süd-Tibet) und an anderen Orten erbaut. Dann sandte er seinen Ratgeber Thon-mi-Sambhota zum Studium nach Indien, wo dieser umfangreiche Kenntnisse der Grammatik und der verschiedenen Schreibweisen der indischen Sprache erwarb.

Nach seiner Rückkehr nach Tibet entwarf er nach der Vorlage des Gelernten eine Schrift und ein achtbändiges Werk über Grammatik und Orthographie für den Gebrauch der Tibeter.

Dieser König lud viele weise und gelehrte indische und nepalesische buddhistische Pandits ein, Tibet zu besuchen. Unter denen, die während seiner Regierung kamen, waren die berühmtesten Ācārya (Lehrer) Kumāra, Ācārya Brahmanaśaṅkara und Ācārya Sīlamañju aus Nepal. Diese Lehrer übersetzten die ursprüngliche Lehre in Form der Lehrreden (Sūtra), oder zumindest einen Teil davon, sowie einige Tantras (Texte zur Meditationspraxis) und stellten so die buddhistische Lehre den Tibetern vor. Obwohl der Dharma noch nicht in großem Umfang gelehrt wurde, führte der König selbst viele vom Glück Begünstigte vor allem in die Lehre von Mahākaruṇika (dem Großen Mitleidsvollen oder Avalokiteśvara) ein.

Nach diesem weisen König wurde als der 37. Herrscher Tri-tsong-de-tsen (756–804 n. Chr.) ernannt, ebenfalls ein rechtschaffener und frommer Herrscher. In ihm war der überaus starke Wunsch lebendig, den Buddhadharma über sein ganzes Reich auszudehnen, wozu er ebenfalls indische buddhistische Lehrer einlud. Aufgrund seiner Einladung kamen die führenden Lehrer Ūpadhyāya Śāntarakṣita und Guru Padma-Sambhāva nach Tibet. Von den anderen, die kamen, wollen wir hier noch folgende ācāryas erwähnen: Vimalamitra, Śāntigarbha, Dharmakīrtī, Buddhaguhya, Kamalaśīla, Vibuddhasiddha. Diese großen, gebildeten Lehrer und noch viele andere sind in Tibet als die hundertacht Pandits bekannt. Sie übersetzten viele Werke ins Tibetische, in Zusammenarbeit mit tibetischen Lehrern wie Vairocana, Nyag Jyānakumāra, Kawa Pal-Tseg und Chogro Lu Gyaltsen. Die drei Hauptteile des Heiligen Kanons des Buddhawortes (Tripiṭaka), genannt die Disziplin, die Lehrreden und die Psychophilosophie (Vinaya, Sūtra und Abhidharma) sowie tantrische Lehren und viele der wichtigsten Kommentare wurden auf diese Weise in tibetischer Sprache zugänglich gemacht. Zur selben Zeit errichteten diese großen Lehrer klösterliche Bauten als Stätten des Lernens und der Übung.

Der nächste große Herrscher nach König Tri-tsong-detsen war der 41. in der tibetischen Geschichte, Tri-ral-pa-tsen (817–836 n. Chr.). Während seiner Regierung ordnete er an, daß jeder Mönch von sieben Familien zu unterstützen sei, und erbaute mehr als tausend Klöster. Er war so voller Vertrauen zum Buddhadharma, daß er seine Lehrer an die Spitze der obersten Geistlichkeit stellte und sie aus tiefstem Herzen verehrte. Er diente der Lehre des Großen Überwinders in wahrhaft großartiger Weise. Wie die zwei vorhergehenden Könige lud auch er indische buddhistische Lehrer nach Tibet ein, und unter diesen befanden sich folgende ācāryas und upadhyāyas: Jinamitra, Surendrabodhi, Sīlendrabodhi, Dānaśīla usw. Der König erlaubte auch den tibetischen upadhyāyas Ratnarakṣita und Dharmatāśīla, mit den Lotsavas oder Übersetzern Jñānasena und Jayarakṣita die alten Übersetzungen aus der Zeit der früheren Könige (die sich als unklar erwiesen hatten) zu überarbeiten und für die Sanskrit-Begriffe, soweit sie nicht übersetzt waren, die korrekten tibetischen Worte einzusetzen. In dieser Weise wurde sowohl mit den Büchern der Schüler (śrāvaka) wie mit denen des Mahāyāna (des Großen Fahrzeugs) verfahren. Diese Pandits arbeiteten daraufhin mit dem Einverständnis des Königs ein als »Große Mutter« bezeichnetes Werk aus, das sechzehn Bände umfaßte, die »Lehrrede in hunderttausend Versen über die Vollkommene Weisheit«. Desgleichen wurden die alten Übersetzungen des Buddhawortes überarbeitet und in der Sprache jener Zeit niedergeschrieben und so der Anstoß für das Rad des Dharma im »Lande des Schnees« gegeben. Damit endet die kurze Zusammenfassung der Entwicklungsperiode des Dharma im Altertum.

Die spätere Entwicklung

Nach dem Tode des letzten Monarchen folgte der 42. König, Lang-dar-ma (836–842 n. Chr.), der die buddhistische Lehre haßte. Er verübte viele Anschläge gegen buddhistische Klöster und verfolgte die Anhänger des Buddhismus mit großer Grausamkeit, so daß der Buddhaśāsana während seiner Regierung nahezu verschwand. Aus Furcht vor diesem König flohen drei Anhänger des Ācārya Śāntarakṣita in die Provinz Khamba in Ost-Tibet und fanden dort als buddhistische Mönche bei einem Lehrer Aufnahme. Seit dieser Zeit wuchs die Zahl der Mönche allmählich wieder, und die Lehrer Dharmapāla und Sādhupāla aus Ost-Indien begaben sich von West-Tibet ins Innere des Landes. Als das Ergebnis der Tätigkeit dieser Lehrer und der Ankunft des Mahāpaṇḍita Śākyaśrī aus Kashmir zeigte sich ein weiteres kräftiges Anwachsen der Mönchsgemeinschaft, so daß sich der Buddhadharma in Tibet wieder etablieren konnte.

Von dieser Zeit an kamen ständig indische Lehrer nach Tibet, während viele gelehrte Übersetzer Tibets sich unter großen Strapazen und Schwierigkeiten nach Indien und Nepal begaben, um die Sūtras und Tantras zu studieren, wobei sie den großen Lehrern und Weisen dieser Zeit reichliche Mengen von Gold zu Füßen legten. Nach ihrer Rückkehr nach Tibet übersetzten sie die empfangenen Lehren ins Tibetische und fanden nun im eigenen Land in zunehmendem Maße Anhänger. Damit traten sie dem Verfall der Tradition, des Studiums und der Praxis entgegen. Dank dieser Bemühungen begann der Buddhasāsana wieder zu strahlen wie die Sonne.

So weit die kurze Zusammenfassung der späteren Entwicklungsperiode des Dharma in Tibet.

Die verschiedenen buddhistischen Schulen

Es gab in Tibet viele buddhistische Schulen, und sie wurden in verschiedener Weise benannt, das heißt entsprechend der Zeit, dem Ort, dem Lehrer oder dem Begründer. Zum Beispiel wurden die Nyingma-pa (die Alten) nach dem Gesichtspunkt der Zeit benannt. Sakya-pa, Stag-lung-pa,

Dri-kung-pa, Drug-pa, Gedan-pa sind Beispiele für Schulen, die nach den jeweiligen Orten benannt wurden. Karma-kargyut-pa und Vuluk-pa erinnern an ihre Gründer, Khadam-pa, Zog-chen-pa, Tsyag-chen-pa und Shi-je-pa sind nach ihren entsprechenden Lehrern benannt. Man kann alle diese Schulen in zwei Gruppen einteilen: Nyingma-pa (die Alten) und Sarma (die Neuen).

Welcher Unterschied besteht nun zwischen diesen beiden? Als sich das Mahāyāna in Tibet ausbreitete, war es von zweifacher Art, bestehend aus den Sūtras und den Tantras, wobei sich »alt« und »neu« jedoch nur auf die letzteren bezieht. Seit frühester Zeit bis zur Ankunft des Lehrers Smṛtijñāna wurden die übersetzten Tantra-Bücher als die »alten Übersetzungen« bezeichnet, und jene, die dieser Lehre anhingen, waren als »die Alten« oder »die vom alten Stil« bekannt. Seit der Zeit des Übersetzers Rinchen-zangpo jedoch wurden die ins Tibetische übertragenen Tantras als »neue Übersetzungen« und ihre Anhänger als »die vom neuen Stil« bezeichnet. Dieser Übersetzer schrieb 978 n. Chr. die erste Übersetzung der neuen Tantras und fand in dieser Tätigkeit viele Nachfolger. Als Ergebnis ihrer Bemühungen verbreiteten und etablierten sich die neuen Tantras und deren Praxis in ganz Tibet.

Unter den Schulen, die bis zur heutigen Zeit in Tibet zu finden waren, ragen vier hervor. Die erste davon gehört zur Gruppe der alten Lehren und ist als Nyingma-pa bekannt. Die drei anderen gehören zu den neuen Lehren und heißen Kargyut-pa, Sakya-pa und Gelug-pa. Wir wollen jede von ihnen kurz vorstellen.

1. Im Jahre 810 n. Chr. kam der Lehrer Padma-sambhava von Udyāna nach Tibet. Er lebte im Samye-Vihāra und übersetzte dort achtzehn Bücher des Mahāsiddhi (Große Vollendung), eines tantrischen Werkes, das sich mit der Praxis der Meditation befaßt. In Anwesenheit des Königs und fünfundzwanzig anderer wichtiger Personen setzte er das Diamantene Rad des Großen Geheimnisses (Mahā-rahayavajrāyāna-cakra) in Bewegung. Diese von Padma-sambhava begonnene Linie nennt man die Tantrische Schule der Alten (Nyingma-pa).
2. Marpa-lotsava (der Übersetzer Marpa) wurde 1012 n. Chr. geboren und besuchte dreimal in seinem Leben Indien. Im Rahmen dieser Pilgerfahrten übersetzte und kommentierte er unter der Leitung der siddhas Naropa und Maitrīpa maßgebliche tantrische Werke. Die erste, von ihm und seinem bedeutenden Schüler Jetsun Milarepa gegründete Tradition wird die Kargyut-pa oder die Geflüsterte Überlieferung genannt. Diese Schule ist in acht Unter-Schulen unterteilt, von denen vier als groß und die vier anderen als geringer gelten. Die ersteren sind: Kamtsang-pa, Drigung-pa, Taglung-pa und Drug-pa.
3. Im Jahre 1034 n. Chr. erfolgte in Tibet die Geburt des Kon-chog-gyal-po, der zum rechten Zeitpunkt den Lehren des lotsava Drogmi lauschte, welcher den Pfad und dessen Früchte nach der Tradition des Lehrers Dharmapāla auslegte. Nachdem er dem Übungspfad gefolgt war, wurde er ein vollendeter Lehrer und ist unter dem Namen Mahāsiddha Vairupa oder Mahāpaṇḍita Gayadhāra bekannt. Die von ihm begründete und von seinen Schülern weiterentwickelte Schule wird Sakya-pa genannt. Im Jahre 1039 n. Chr. begab sich der Lehrer Mahāpaṇḍita Dīpaṅkara-śrījñāna aus dem großen Kloster

von Vikramaśila in Indien nach Tibet. Dort legte dieser berühmte Lehrer ausführlich die tiefen Lehren der Sūtras und Tantras aus. Er begründete die Schule namens Khadam-pa, die von seinen Schülern weiterentwickelt wurde.

4. Etwa 300 Jahre später, 1357 n. Chr., wurde das hohe Wesen Je Tsong-kha-pa geboren und in der Khadam-pa-Schule erzogen, wo er sich mit der Zeit in den Lehren vervollkommnete. Er erwarb das rechte Verständnis für das Buddhawort und dessen Kommentare, wie sie in Tibet überliefert wurden, mittels der Weisheiten des Hörens, des Denkens und der inneren Entfaltung. Nachdem er die wahre Kenntnis der Buddhalehren erlangt hatte, gab er sie an seine Schüler in außerordentlich überzeugender Weise weiter. Die Schule, die er begründete und die von den großen Gelehrten, die ihm nachfolgten, weiterentwickelt wurde (wie von Khedrub-rje), ist als Gelug-pa (die Tugendhaften) oder Gedan-pa bekannt.

Die Ähnlichkeit der Zielsetzungen unter den Schulen

Manche Leute mögen vielleicht annehmen, daß Glaube, Übungsmethoden und Realisierung im Gegensatz zueinander gestanden haben müssen, da es in Tibet so viele Schulen buddhistischen Denkens und buddhistischer Praxis gegeben hat, so, wie man klare Unterscheidungen zwischen Buddhisten und Nichtbuddhisten treffen kann. Aber in Wirklichkeit war das nicht so.

Die Unterschiede zwischen Buddhisten sind oberflächlicher Art, ähnlich den Unterschieden zwischen den Flugzeugen, die wir täglich sehen. Obwohl manche klein und andere groß sind und sich durch viele Formen voneinander unterscheiden, fliegen sie doch alle mit Hilfe ihrer Motoren, der Luft usw., und alle werden sie »Flugzeuge« genannt. In gleicher Weise existieren die oberflächlichen und geringfügigen Unterschiede zwischen den buddhistischen Schulen nur im Hinblick auf die eingesetzten geeigneten Mittel und die Methoden der Praxis. Solche Mittel und Übungsformen beruhen auf den Erfahrungen der Gründer und der Vervollkommneten der verschiedenen Schulen und sind somit geeignet, aufnahmefähige Menschen auf den rechten Pfad zu geleiten. Das Ziel all dieser Schulen ist das Erlangen der Buddhaschaft, und in dieser Hinsicht unterscheidet sich keine Schule von der anderen. Vielmehr versteht man unter geeigneten Mitteln hier die dreifache Übung (in Tugend, Sammlung und Weisheit) und die vier Siegel (mudra*), die zur Förderung auf dem Pfad zur Buddhaschaft dienen. Diese Lehren können ohne jeden Widerspruch benützt werden, ob man nun den Weg der Sūtras oder den der Tantras geht, oder beide zugleich. Wir sollten verstehen, daß in dieser Hinsicht auch die Übungen aller Schulen die gleichen sind.

* Alle bedingten Dinge sind vergänglich; alle bedingten Dinge sind duhkha (Unbefriedigtsein); alle dharmas (erfahrbare Erscheinungen) sind ohne Seele oder Selbst; und Nirvana ist Friede.

Der uranfängliche und rechtmäßige Buddhadharma in Tibet

Manche Leute hegen die Vorstellung, die Religion Tibets sei die Religion der »Lamas«, die ein System namens »Lamaismus« fabrizierten. Sie sagen auch, dieses sei weit entfernt von den wahren Lehren Buddhas. Solche Vorstellungen beruhen auf einem krassen Mangel an Information, da kein separater »ismus« der Lamas neben den Lehren des Buddha existiert.

Alle kanonischen Sūtras und Tantras, welche die Grundlage des Buddhadharma in Tibet bilden, wurden von Buddha selbst gelehrt. Die indischen Gelehrten unternahmen eine dreifache Prüfung des Sinngehaltes und der Authentizität der Sūtras und Tantras. Es sollte außerdem zur Kenntnis genommen werden, daß die großen Vollendeten und Yogis die Erleuchtung durch die Praxis dieser tiefen Lehren erworben haben. Und schließlich waren die Könige Tibets, die wir mit Bodhisattvas vergleichen dürfen, ihre großen Minister und die mitleidsvollen Übersetzer nicht einmal um ihr Leben besorgt, geschweige denn um Geld und Reichtümer, wenn es darum ging, das rechte Dharma-Wissen zu erlangen. Tibetische Gelehrte erduldeten zahlreiche Beschwernisse vielerlei Art auf dem Weg nach Nepal und Indien; sie reisten viele Male dorthin, um die echten Manuskripte und die traditionellen Belehrungen zu erhalten, so daß sich ihr Kommen und Gehen mit einem endlos strömenden Fluß zwischen den Ländern vergleichen läßt. Sie studierten und praktizierten den Dharma unter der Führung großer und hervorragend ausgebildeter Lehrer, deren Gelehrtheit außer Frage stand. Auch stellten sie ihre Lehrer und die Vollendeten zufrieden, indem sie ihnen in jeder Weise dienten, ihrer Dharma-Belehrung lauschten und sie in die tibetische Sprache übersetzten. Auf der Basis dieser Lehren hören die tibetischen Buddhisten den Dharma, sinnen über ihn nach und praktizieren ihn. *Außer diesem authentischen Dharma gibt es keine eigenmächtige, von Lamas ersonnene Lehre in Tibet.*

Wenn die tibetischen Pandits auf einen zweifelhaften Punkt stießen, oder wenn irgendein Zusammenhang in einer Dharma-Besprechung geklärt werden sollte, so fragten sie stets: »Hat Buddha dies gesagt oder nicht?« oder: »Wurde diese Lehre von den indischen Pandits gelehrt oder nicht?« Der Dharma wurde so grundsätzlich genau überprüft. Nur die Autorität der tatsächlichen Aussage Buddhas oder der indischen buddhistischen Lehrer schuf die Voraussetzung, eine Lehre einzuführen und damit als wahr anzuerkennen.

DAS ÖFFNEN DES AUGES DER WEISHEIT

Verehrung der höchsten Weisheit, welche alle dharmas vollkommen durchschaut![1]

Nach buddhistischer Tradition wird die gegenwärtige Ära als die Zeit der Tugend (sīla-kāla)[2] bezeichnet, als einer der Teile der fünftausend Jahre dauernden Zeitspanne, welche, wie gesagt wird, die Lehre des vierten Buddha[3], der in diesem Äon erscheinen soll, mit Sicherheit überdauern wird. Darum liegt das religiöse Schwergewicht in dieser Ära auf dem Befolgen der moralischen Regeln. Diese sind von besonderer Wichtigkeit angesichts des materiellen Fortschritts und seiner rapiden Entwicklung im atomaren Zeitalter. Es ist nicht etwa so, daß er in keiner Weise wünschenswert ist, doch wäre ein Gleichgewicht erforderlich zwischen materiellen Gütern auf der einen Seite und spirituellen Werten und religiöser Praxis auf der anderen Seite. Die Lehre Buddhas kann von großem Nutzen sein, um die einseitige Ausrichtung auf materielle Dinge ausgleichen zu helfen. Diese Lehren, die dem Westen als Buddhismus bekannt sind, für die wir jedoch den traditionellen Begriff »Dharma«* benützen wollen, waren über viele Jahrhunderte hinweg eine hohe geistige und spirituelle Wissenschaft, die einen gut begehbaren Weg der Kultivierung

* »Dharma« heißt sowohl »Gesetz der Wirklichkeit« oder »innerstes Gesetz des Seins« wie auch »Lehre vom Gesetz«, womit nicht nur das System des Buddhismus bezeichnet wird, sondern vielmehr die von vielen Seiten zugängliche höchste Wirklichkeit, die jedoch nur auf über-intellektuellem Wege erfahren werden kann. Wenn darum in der Folge von

von Geist und Herz (der buddhistische Begriff »citta« umfaßt sowohl geistige wie emotionale Aspekte**) bereitete, der jenen, die nach der Praxis der Meditation verlangten, die Entwicklung ermöglichte. Gerade jetzt sollte dieses spirituelle Erbe zum Wohle der Menschheit genutzt werden. Um dies zu erreichen, wäre es nötig, daß viele Menschen gut bewandert sind in den buddhistischen Schriften und in der tiefen Philosophie, die sie enthalten. Das erfordert allerdings ein intensives und umfassendes Studium dieser Schriften, was in der Gegenwart für viele Menschen wohl recht schwierig sein mag, da die heiligen Bücher sehr umfangreich, die Zeit dagegen oft begrenzt ist. Darum kam mir der Gedanke, daß ein kleines Buch verfaßt werden sollte, in dem die Essenz des Dharma gedrängt, aber verständlich dargelegt ist. Aus diesem Grund haben wir dieses Buch (wörtlich) »den klaren Weisheits-Augen-Öffner« genannt, und die Inhalte der folgenden Kapitel arbeiten diese Essenz des Buddhadharma heraus.

»Dharma« und von »außerhalb des Dharma Stehenden« die Rede ist, muß der Fehler vermieden werden, dies als dogmatische Aussage zu bewerten, da in diesem Fall »Dharma« nicht mit »Buddhismus« gleichzusetzen ist. Anm. d. Übers.

** »citta« wurde in der englischen Fassung mit »mind« übersetzt, was dem Sinn des Sanskritwortes näherkommt, aber auch nicht ganz entspricht. Wenn darum im Text von »Geist« die Rede ist, sollte dabei an die wesentlich umfassendere Bedeutung von »citta« erinnert werden. Anm. d. Übers.

DHARMA[4]

Unsere höchste Pflicht als menschliche Wesen ist es, einen Weg zu finden, um alle Wesen von allen Arten von Leiden oder der Erfahrung des Unbefriedigtseins (duhkha)[5] zu erretten. Alle lebenden Wesen wünschen Annehmlichkeit und Glück und wollen das Leiden vermeiden. Und dieses Verlangen nach Glück ist nicht nur bei Menschen von Gelehrsamkeit und Intelligenz zu finden, sondern bei allen Geschöpfen der Welt, selbst bei den unbedeutendsten. Ob du, ich oder die Wesen der Tierwelt – alle wünschen in gleicher Weise das Gedeihen der Freude und die Verminderung des Schmerzes. Die Zerstörung dieses duhkha kann nur durch eigene Anstrengung erreicht werden. Es ist zwecklos, edle Bestrebungen zu hegen, sich dabei jedoch lediglich hinzusetzen und auf ihre Vervollkommnung zu warten, denn diese Haltung, die nichts anderes ist als Faulheit, führt weder zur Zerstörung des duhkha noch zum Gedeihen des Glücks. *Es muß ganz ausdrücklich betont werden, daß alle die verschiedenen Aspekte des duhkha Ursachen entspringen, weshalb es möglich ist, das duhkha zu erforschen und ihm ein Ende zu setzen.*

Wenn die Grundursachen des duhkha gefunden und zerstört werden, kann das menschliche Leben sich entfalten.

Um das zu erreichen, ist es von grundlegender Wichtigkeit, daß wir in unserem Leben die Ursachen schaffen, die zum Glück führen, und aufhören, die Ursachen aufzubauen, die das duhkha entstehen lassen.

Der Dharma des Buddha zeigt den Weg, wie das zu bewerkstelligen ist. Außer dem Dharma gibt es keinen Weg, dieses Glück und die Aufhebung der Leiden zu erreichen, denn im Dharma wird die rechte Methode erklärt, und diese verhilft dem, der sie praktiziert, zur Vervollkommnung seiner Bestrebungen. Wenn man dem Dharma entsprechend lebt, so bedeutet das nicht nur, daß man seinem gegenwärtigen Leben einen Sinn zu geben vermag, sondern auch, daß man die, die noch kommen werden, glücklich und erfolgreich gestaltet. Will man das erreichen, muß man die Quintessenz des Dharma verstehen. Hat man diese verstanden, so schafft das eine große Veränderung im Leben; es ist ein deutlicher Unterschied zu sehen zwischen denen, die ohne Dharma leben, und denen, die fest in ihm verankert sind. Während z. B. einer der ersteren unglücklich sein mag, weil eine Krankheit über ihn hereingebrochen ist und er geistig und körperlich darunter zu leiden hat, wird einer der anderen damit reagieren, daß er sich vergegenwärtigt, daß solche Erfahrungen des Unbefriedigtseins ein natürlicher Bestandteil des Lebens sind und daß sie nicht verhindert werden können. Des weiteren wird er bedenken, daß duhkha, das uns üblicherweise im Laufe des Lebens immer wieder heimsucht, in Wirklichkeit das Ergebnis vergangenen schlechten Karmas (vergangener absichtlicher übler Taten) ist. So kann er sich klarmachen, daß seine schmerzvollen Empfindungen lediglich die Natur des Kreislaufs-von-Geburt-und-Tod (samsāra) haben, innerhalb dessen diese Dinge zwangsläufig erlebt werden müssen. Steht man so im rechten Verhältnis zu seiner Erkenntnis und seiner Praxis des Dharma, so bedeutet das, duhkha zu vermeiden. Mit anderen Worten: Es ist möglich, alle physischen Schmerzen mit ungehinderter Leichtigkeit durch die reine Kraft geistiger Prozesse zu überwinden.

Alle erlebten Empfindungen, ob angenehm, schmerzvoll oder neutral, entstehen aus Ursachen und können ohne Ursachen nicht entstehen. Wie in den Abhandlungen (śāstras) gesagt wird, entstehen Freude und Schmerz entsprechend der Aktivität des Prinzips von Ursache und Wirkung. Ein Mensch, der vom Dharma nicht weiß, versteht diese Ursachen und Wirkungen nicht, und so scheinen ihm Freude und Schmerz als Gegebenheiten des Zufalls. *Die Quintessenz des Dharma ist die, daß man in sich selbst die Ursachen seines eigenen duhkha begriffen hat und so in der Lage ist, zu anderen von diesen duhkha-Ursachen zu sprechen.* Der wahrhaft religiöse Mensch akzeptiert die Wahrheit, daß er für seine angenehmen und unangenehmen Empfindungen, die Früchte seines eigenen Kharma, selbst verantwortlich ist. Er weiß, daß die Früchte des schlechten, ungeeigneten, schädlichen Kharma leidensvoll sind, während das geeignete, segensreiche Karma die Erfahrung des Glücks zur Folge hat. Während der wahrhaft religiöse Mensch in der Lage ist, die Dinge in diesem Licht zu sehen, grämt und sorgt sich derjenige, der ohne Dharma lebt, der, wie wir oben sagten, kein Wissen um Ursache und Wirkung besitzt, wenn unangenehme Empfindungen in ihm auftreten, und verstärkt auf diese Weise sein duhkha. Folglich hat er keine Möglichkeit, das wahre Glück des Dharma zu erfahren.

Die menschliche Persönlichkeit umfaßt sowohl den physischen Körper wie auch die vielfältigen geistigen und emotionalen Prozesse, die wir zusammengefaßt als citta oder »Geist« bezeichnen. Dabei ist der Geist gegenüber dem Körper der führende Faktor[6]. Denn der Geist beherrscht den Körper, und es ist offensichtlich, daß körperliche Erfahrungen, ob angenehm oder unangenehm, weitgehend vom Geist abhängig sind. Verläßt man den Pfad des Dharma, so muß man dafür mit viel Leiden bezahlen. Wünscht sich z. B. jemand die Freuden des Reichtums, so wird er sich bemühen, mehr Geld zu verdienen. Von Anfang an wird er von der Unruhe geplagt sein, daß er trotz größter geistiger und physischer Anstrengungen seine innigsten Wünsche vielleicht doch nicht zu erfüllen vermag. Um sie zu erfüllen, ist er bereit, sich jedem nur möglichen Leiden zu unterziehen. Vor allem wird er unter Unsicherheit zu leiden haben, da er befürchten muß, bestohlen zu werden, seinen Reichtum in irgendeiner Weise zu verlieren, ihn irgendwie zu verschwenden oder zu erschöpfen usw., und dies ist nur eine andere Form von duhkha oder Leiden. So sucht er Mittel und Wege, seine Gewinne zu schützen, die, da sie im Widerspruch zu den Interessen anderer stehen, Anlaß zur Verminderung an Harmonie in der Gesellschaft geben und streitende Parteien entstehen lassen. Diese ihrerseits wirbeln Gier und Haß auf, und man kann sicher sein, daß diese Eigenschaften in den Herzen derer, die ohne Dharma leben, noch verstärkt auftreten. Selbst zum reichsten Mann kommt zuletzt der Tod, und sein eifersüchtig gehüteter Reichtum wird der Besitz anderer. Solche Leiden, die im allgemeinen mit dem Reichtum Hand in Hand gehen, rühren von einem Mangel an rechtem Verstehen des Dharma her. Ist der Dharma tief durchdrungen worden, so wird man den Reichtum, den man erworben hat, nicht anders betrachten als Tautropfen auf der Spitze eines Grashalmes, und man wird den endlosen Kampf aufgeben, mehr und mehr davon haben zu wollen. Wenn man sich dann einmal davon trennen muß, aus welchem Grund auch immer, wird man nicht leiden müssen[7].

Ebensowenig wird man zu leiden haben, wenn man gar beschimpft oder bitter kritisiert wird, solange man nicht von Name oder Ruf abhängig ist. Dieses Verhalten der anderen wird dann so wenig Erfolg haben wie ein Vortrag vor Steinen oder so wenig Bedeutung wie ein Echo. Der Unabhängige muß keine lebenslänglichen Feinde überwinden noch die Befürchtung hegen, es Verwandten oder Autoritäten nicht recht machen zu können, noch muß er die Qual der Niederlage befürchten. Keine der acht weltlichen Bedingungen (lokadharma) – Gewinn, Verlust, Unehre, Ehre, Beschämung, Lob und Glück oder Leid – kann solch einen Menschen verwirren; doch wenn man von diesen Dingen überwältigt wird, so nur wegen eines Mangels an rechtem Begreifen des Dharma, oder aber, weil man den Dharma zwar begriffen hat, ihn aber nicht in die lebendige Praxis umsetzte.

Die Quintessenz des Dharma offenbart tatsächlich, daß die Macht dieser Mittel, die uns sinnliche Freuden verschaffen, nicht größer ist als der eines Tautropfens auf einem Grashalm, bevor die Sonne aufgeht. Diese Behauptung, die im Dharma aufgestellt wird, beruht nicht auf Einbildung oder Vermutung, sondern sie ist eine Tatsache, die im eigenen Leben und in dem anderer beobachtet werden kann. Um eine Erfahrung in ihrer Qualität zu verstehen, muß man sie zusammen mit den Umständen betrachten, die ihr vorausgingen. Dies ist das wissenschaftliche Vorgehen des Dharma, der uns auf diese Weise zeigt, wie Ursache und Wirkung erkannt werden können. Die Nichtigkeit der Mittel zum sinnlichen Vergnügen wird aufgedeckt, sobald eine Analyse der entsprechenden Faktoren vorgenommen wird, aber die Menschen begreifen das nicht ohne weiteres. Wenn man verstanden hat, wie sehr der Genuß an seinen hohen Preis gebunden ist, wie er aufgrund einer Ballung von Bedingungen entsteht und von welch unstabiler und flüchtiger Natur er ist, dann wird, weil man die Notwendigkeit des Dharma einsieht, das Leben ungeheuer verändert. Die Jagd nach Genüssen, der die

Lust, der Haß, Anziehung und Abhängigkeit entspringen, wird umgewandelt in die Jagd nach dem Dharma. Diese geistigen Verdunkelungen, die zuvor so schwer zu kontrollieren waren – dominierende Kräfte in einem Geist ohne Wissen vom Dharma – werden in dem Maße geschwächt, wie ihre Ursachen verstanden werden. Wenn der Weg des Dharma bekannt ist und der Geist sich an ihm ausgerichtet hat, dann besitzt man die Fähigkeit, den Angriffen dieser geistigen Verdunkelungen (kleśa) mit den Mitteln der Unterlassung, der Selbstbeschränkung oder der geistigen Unterscheidung zu widerstehen[8]. Und schließlich sollte man sich bemühen, sich völlig von ihnen zu befreien.

Der Dharma ermutigt den Menschen, zu begreifen, daß er frei sein kann von all dem vielfältigen Ungemach des duhkha, sei es innerlich oder äußerlich, und daß er den Sturm des Leidens, der unter den anderen menschlichen Wesen wütet, besänftigen kann.

Durch das Nichterkennen des Dharma tritt folgende Reihe von Ereignissen in Erscheinung: ein kontinuierlicher Strom von Feinden in stets wachsender Zahl, die Rivalität im Gefolge des Strebens nach selbstsüchtigen Zielen und die Anstrengung, um andere in diesem Kampf zu bezwingen und als Sieger zu triumphieren. Diejenigen, welche die Welt auf diese Weise sehen, streben danach, ihre eigene Nation stark zu machen; zu diesem Zweck rüsten deren Streitkräfte mit möglichst zerstörerischen Waffen auf und stürzen sich, wenn nicht länger die Möglichkeit zu friedlicher Einigung besteht, in furchtbare Kriege. Wegen dieser unkontrollierten Verdunkelungen in den Herzen der Individuen schwellen die starken Strömungen der Lust, des Hasses, der Täuschung, des Zornes, der Gier, der Eitelkeit, der Grausamkeit usw. mit voller Kraft an, und es ist wie das Brausen mächtiger Flüsse, die alles vor sich herwälzen. Die Folge davon ist, daß jene, die keine Zuflucht haben, gegen ihren Willen gezwungen werden, inmitten dieser Fluten von *duhkha* zu leben; doch besäßen die Menschen nur das Wissen vom Dharma und ließen sich von ihm leiten, so würde dieser Aufruhr an mannigfachen Leiden ein Ende haben.

Wie schon in den Abschnitten oben festgestellt, wird das menschliche Leben vom Geist und seinen vielfältigen Funktionen beherrscht. So entstehen die Vorstellung vom Ich, Eifersucht, Lust, Haß und Täuschung aus der Tätigkeit des Geistes, und da sie schädlich sowohl für einen selbst wie für die anderen sind, nennt man sie »ungeeignete dharmas« (geistige Erscheinungen). Wohlwollen, Liebenswürdigkeit, Dienstbereitschaft, Anbetung, Entsagung und Vertrauen sind ebenfalls geistige Erscheinungen, doch werden diese entsprechend ihrer segensreichen Natur als »geeignete dharmas« bezeichnet. Durch die Kraft dieser geeigneten dharmas können die Fehler und Verdunkelungen, die sich im Geist aufhalten, neutralisiert werden, und eben diese dharmas, so sie bewußt kultiviert werden, vermögen einen Menschen davor zu bewahren, daß er in seinen eigenen Fehlern erstickt. Die Erlösung von den Verdunkelungen im eigenen Geist wird ungemein beschleunigt, wenn das moralische Empfinden bereits entwickelt ist, denn das macht es einem möglich, Qualitäten wie Freundlichkeit, Mitleid und Freude aneinander hochzuschätzen. Die Furcht vor Tadel durch andere hilft ebenfalls, denn es hindert einen an ungesetzlichen und unmoralischen Handlungen. Diese zwei Tugenden sind genau genommen wie Wächter, die den Menschen gegen den Einfluß des Bösen schützen[9]. Dank ihrer Wirksamkeit ist man vor vielen Arten der Unvorsichtigkeit falschen Handelns geschützt, so daß man in Zufriedenheit leben kann. Wer ein

Leben der Zufriedenheit lebt, findet Glück und Frieden und empfindet sein Dasein niemals als zu schwer, um ertragen zu werden.

Aus obengenannten Gründen sollte man die Quintessenz des Dharma begreifen und sie sorgfältig im eigenen Leben zur Anwendung bringen.

WIEDERGEBURT[10]

(Punarbhāva)

Ein weiterer Punkt sollte ebenfalls bedacht werden: daß das gegenwärtige Leben des Menschen nicht das Ende von allem ist. Man erreicht die Grenzen seiner Pflicht nicht allein dadurch, daß man sein Leben angenehm gestaltet. Die Zukunft weiterer Geburten dehnt sich vor uns aus, und ihr Verlauf mag von langer Dauer sein. Dieser Pfad, den man zu gehen hat, kann durch viele Geburten führen, und um sicher zu sein, daß diese glücklich und frei von duhkha sein werden, sollten wir nachdenken, welche geeigneten Mittel hierfür anzuwenden sind. Letztlich ist es natürlich unser Ziel, Befreiung von dieser ununterbrochenen Folge von weltlichem Glück und duhkha zu erlangen – in der Erfahrung des höchsten Friedens oder Glücks, des Nirvana.

Darum tun wir gut daran zu wiederholen, daß allein das Bestreben, hier in diesem Leben zu Glück und Wohlstand zu kommen, weder ein wertvolles noch hinlängliches Ziel ist. Wenn das Leben endet, so enden auch das Glück und der so mühsam erworbene Reichtum, das Geist-Kontinuum hingegen fließt weiter und erlebt die Geburt zu neuem Leben gemäß den Früchten des Karma. Durch geeignetes Handeln hier und jetzt werden die zukünftigen Existenzen mit glückschaffenden Bedingungen bereichert. Diese geeignete Arbeit, deren Früchte in der Zukunft geerntet werden, kann nur vollbracht werden, indem man den Dharma übt.

Nun hegen jene, die nichts vom Dharma wissen, und jene, die seine Tiefen nicht erfassen, Zweifel an der Wiedergeburt.

Sie vermuten vielleicht, daß das Bewußtsein, das in diesem Leben von seinem physischen Körper abhängig ist, in Wirklichkeit von diesem herrührt, mit ihm entsteht und darum auch gänzlich mit ihm verschwindet. Sie setzen auch voraus, daß das gegenwärtige Leben keine Verbindung zu früheren Existenzen habe. Dies wird als wahr betrachtet, weil sie meinen, daß ebenso, wie die Geschehnisse des gegenwärtigen Lebens wahrgenommen werden, man auch die der vergangenen Leben mittels des Gedächtnisses müsse wahrnehmen können. Ferner haben sie nicht mit ihren eigenen Augen die Existenz vergangener oder zukünftiger Leben gesehen oder erlebt. Darum behaupten sie, daß beim Tode der Körper zu den vier großen Elementen[11] zurückkehre, während das Bewußtsein verschwinde wie ein Regenbogen am Himmel. Menschen, die so denken, haben einen sehr begrenzten Blickwinkel, denn während sie zwar die Abhängigkeit des geistigen Kontinuums vom psychischen Körper sehen, begreifen sie doch nicht, daß der Geist auch unabhängig von einer groben physischen Basis existieren kann.

Die Essenz der obengenannten Behauptung wäre vom philosophischen Standpunkt aus die, daß das Bewußtsein in diesem Leben einer Ansammlung von unbewußten nichtorganischen Elementen entspringt. Also stimmt die Natur der angenommenen Ursache (unbewußte Elemente) nicht mit der der angenommenen Wirkung (bewußter Geist) überein, und dies deckt sich mit der Anschauung mancher Materialisten, die behaupten, daß Ursache und Wirkung nicht miteinander übereinstimmen können: so wie ein Vergrößerungsglas Feuer und Wein Intoxikation erzeugt.

Ferner gibt es Logiker der »Schule des spontanen Entstehens« (Sabhāvavāda)[12], die sagen, daß das Entstehen der Dinge ohne Ursache sei. Wer hat die Schärfe des Dornes geschaffen oder die schillernden Farben des Pfauenschwanzes? Wer hat den Schöpfer solcher Dinge gesehen? Und was die Übung der Gewaltlosigkeit oder des Gebens betrifft – hat irgend jemand jemals mit Sicherheit die Ergebnisse dieser Handlungen gesehen? Finden wir nicht Übeltäter, die reich sind, und Mörder, die lange leben? So sagen diese Logiker und argumentieren mit solchen Beispielen dafür, daß es nicht richtig sei, irgendeine Beziehung zwischen Ursache und Wirkung anzunehmen.

In vergangenen Zeiten versicherten manche Lehrer (die außerhalb des Buddhadharma standen), daß sie dank der Kraft ihres Super-Wissens (abhijñā) gesehen hätten, daß ein Mensch, der in seinem früheren Leben geizig war, in einer wohlhabenden Familie wiedergeboren wurde[13]. Aufgrund ihrer Vision folgerten sie, daß die Theorie von der Wiedergeburt richtig sei, man hingegen keine Beziehung von Ursache und Wirkung zwischen den vergangenen Leben und dem gegenwärtigen annehmen könne.

Andere, die die Meditation übten, glaubten, nachdem sie die höchsten Bereiche der Form und der Nicht-Form erreicht hatten, sie hätten nun die Freiheit des Nirvāṇa gewonnen. Obwohl sie überzeugt waren, befreit zu sein, fanden sie sich doch als Objekte der Wiedergeburt wieder, sobald sie aus dem Kraftfeld der Versenkung (dhyāna) zurückgefallen waren. Aufgrund ihrer Erfahrung verwarfen sie die Lehren, die von einer bleibenden Freiheit sprechen und behaupteten, daß solch eine Freiheit nicht existiere[14].

Nachdem wir nun diese verschiedenen falschen Ansichten dargestellt haben, die sich um die Lehre von der Wiedergeburt ranken, sollten wir klären, daß sehr starke Argumente zugunsten der Wiedergeburt sprechen, die deren Wahrheit nahezu sicher bestätigen. Wir sollten das Thema in folgender

Weise durchdenken: Jegliches Wissen, das im Geist entsteht, entsteht in der Abhängigkeit vom Aufbau vorhergehender geistiger Zustände (das bedeutet dasselbe wie das Kontinuum der Geist-Faktoren, aus denen der Geist sich zusammensetzt). Für das gewöhnliche Alltagswissen ist es klar, daß ein Mensch jeglichen Alters sich vergangener Ereignisse erinnert, die sich in seinem gegenwärtigen Leben begeben haben. Seine gegenwärtigen Erfahrungen beruhen auf dem Wissen, das er zuvor erworben hat. Das Leben ist ein Strom solchen Wissens; frühere Erfahrungen führen zu späterem Wissen. Es ist deutlich erkennbar, daß kein Wissen ohne vorausgehende Ursache entsteht und daß es keine Ursache für das Entstehen und Verstehen des Wissens gibt, die körperlich ist (was die eigene Kontinuität betrifft, da nur in der eigenen Geist-Substanz die Erkenntnis gesammelt werden kann, die man aus seinen eigenen Erfahrungen gewonnen hat. Der eigene Geist bildet auf diese Weise die Grundlage für künftiges Verstehen).

Noch einmal: Erkenntnis entspringt nicht materiellen Quellen, da diese von anderer Natur sind als die des Geistes. Im Gegenteil, nachdem sie aus Ursachen nicht-materieller Natur entstanden ist, scheint uns die Erkenntnis durchaus dieselbe nicht-materielle Natur zu haben, und eben das ist es, was wir als das gegenwärtige Leben bezeichnen. Jeder geistige Zustand entsteht in der Abhängigkeit von einem anderen geistigen Zustand[15].

Leben ist nicht nur eine Ansammlung von materiellen Ursachen und Dingen, sondern auch eine Reihe von geistigen Erscheinungen, und diese spezifische Geisteshaltung entsteht aus vorangegangenen Geist-Faktoren derselben Natur. Aus diesem Grund ist das gegenwärtige Leben weder ohne Ursache, noch hat es eine ewige Ursache, noch wird es ausschließlich vom Materiellen verursacht[16]. Wenn man sagt, das Leben sei ein Strom geistiger Zustände (*citta*) gleicher Natur, so heißt das, daß der gegenwärtige geistige Zustand den vergangenen geistigen Zuständen derselben Natur sowohl ähnlich wie von ihnen abhängig ist. Eben dies versteht man unter einer Philosophie des Gleiches-aus-gleichem-geboren-Werden.

Der Geist ist leuchtend, er strahlt[17], er ist die Erkenntnis selbst. Darum kann die Ursache der Erkenntnis nicht von anderer Natur sein. Wäre es so, dann würde der Geist mit dem körperlichen Wachstum oder Verfall notwendigerweise zugleich diesen Prozessen unterworfen sein. Ferner könnte der Geist in einem Leichnam erscheinen (da entsprechend der Meinung der Materialisten der Geist nur eine Funktion der Elemente ist). Es ist richtig zu behaupten, daß eine Beziehung zwischen Körper und Geist besteht, aber diese Erkenntnis sollte einen nicht zu der Meinung verführen, daß der Geist dem Körper entstamme. Ebenso ist es richtig zu sagen, daß Wachstum und Verfall des Geistes bis zu einem gewissen Grade vom physischen Körper abhängig sind, doch kann der Körper nicht als materieller Ausgangspunkt für den Geist bezeichnet werden. Der Körper ist nur die mitbedingende Ursache des Geistes, denn ein materielles Ding kann niemals die Ursache des Geistes sein. Die Materie ist ohne Geist oder citta, aus denen der individuelle Geist besteht. Was nicht Geist ist, kann nicht Geist werden, noch kann Geist zu Nicht-Geist werden, da die Natur des Geistes und die Natur des Nicht-Geistes verschieden sind. Manche (Außenstehende) behaupten, daß solch eine Wandlung möglich sei und zitieren Beispiele für die Verwandlung von Geist in Materie[18]. Sie sagen auch, daß Form zu Nicht-Form werden kann oder, umgekehrt, daß Nicht-Form sich zu Form entwickeln könne. Die geistigen Zustände der Nicht-Form werden mit dem Raum verglichen, doch wie jeder weiß, kann Nicht-Raum niemals zu Raum werden, noch kann das, was Raum ist, zu Nicht-Raum werden.

Die materielle Ursache des Körpers, die aus dem Samen des Mannes und der Eizelle der Frau besteht, kann nicht die (materielle) Ursache für den Geist des Kindes sein, sondern nur die Ursache für seinen Körper. Wir wissen auch, daß die Erkenntnis eines Vaters nicht auf sein Kind übertragen werden kann, und so ist leicht zu verstehen, daß ebenso wie die materiellen Elemente der Eltern nicht die Ursache für den Geist des Kindes sein können, auch der Geist von Mutter und Vater nicht seine Ursache sein kann. In Wirklichkeit ist es so, daß der Geist des vergangenen Lebens die Ursache für den Geist des jetzigen ist. Hingegen gibt es keinen Zweifel daran, daß der Körper seine Existenz der Vereinigung von Samen und Eizelle verdankt.

An dieser Stelle tut sich eine Frage auf. Wenn die Verbindung zwischen Geist und Körper nicht materielle Ursache und auch nicht das ist, was aus der materiellen Ursache entspringt, was ist dann die Verbindung? Die Antwort liegt im Karma oder in der Macht der absichtlichen Handlungen, die diese Verbindung herstellen. Wir sehen, daß neugeborene Kinder oder Kälber wissen, wie sie Milch saugen müssen, und später werden sie fähig, sich selbst zu ernähren, und zeigen Anlagen zu Gier und Zorn, doch woher haben sie dieses Wissen und diese Anlagen? Dieses angeborene Wissen kann nur als die Karma-Früchte eines früheren Lebens erklärt werden, denn das ist es, was die Verbindung zwischen Körper und Geist im jetzigen Leben geschaffen hat.

Es ist nicht vernünftig zu meinen, es gebe keine vergangenen und zukünftigen Leben, nur weil man sie nicht gesehen hat. Das Nicht-Wahrnehmen von etwas beweist nicht dessen Nicht-Existenz. Dies wird heutzutage sehr deutlich sichtbar, da mit Hilfe moderner Instrumente viele Tatsachen bekannt werden und man viele Dinge sehen kann, die unseren Vorvätern völlig ungekannt waren. Die Existenz der früheren Leben wurde von denen bestätigt, die die Sammlung (samādhi)[19] übten. Wenn sie sich in die höchsten Stadien der Konzentration versenkt hatten, wo der Geist sehr fein ist und fähig, sehr feine Dinge wahrzunehmen, erlebten sie ihre vergangenen Leben. Manche Meditierende mit großer Erfahrung haben sich sogar in großer Detailliertheit an viele Leben erinnert. Selbst wenn man die Beweisführung, die solche Meister der tiefen Meditation lieferten, nicht in Betracht zieht, so gab und gibt es doch heute noch viele Vorfälle in vielen Ländern der Welt, die für die Wiedergeburt sprechen. Von Zeit zu Zeit erzählen kleine Kinder von ihren Taten in einem vergangenen Leben und können die Familie nennen, in der sie lebten. Manchmal ist es möglich, solche Fälle nachzuprüfen und den Beweis zu erbringen, daß die vom Kind erinnerten Fakten nicht völlig unsinnig, sondern tatsächlich zutreffend sind.

Ein Beispiel hierfür ist die Erzählung von einem buddhistischen Weisen in Indien, der einem Opponenten, der von der Wahrheit der Lokāyata-Doktrin (Materialismus) überzeugt war, die Wiedergeburt beweisen sollte. In der Debatte mit seinem Gegner, die vor einem König abgehalten wurde, unterzog sich der buddhistische Gelehrte auf praktische Art der Beweisführung, daß die Wiedergeburt eine wahre Lehre sei. Dort, in der Gegenwart des Königs, gab er aus freiem Willen sein Leben auf, wobei er den König zum Zeugen seines Todes und seines Versprechens, wiedergeboren zu werden, aufrief. Die rivalisierenden Lokāyatas wurden nach seinem Ableben so mächtig, daß niemand etwas gegen ihre Lehre zu sagen wagte. Daraufhin ließ der König eine offene Einladung an jeden Buddhisten ergehen, der die Wahrheit der Wiedergeburt beweisen könne. Niemand meldete sich außer einem vier oder fünf Jahre alten Jungen, der zum Erstaunen seiner Mutter erklärte, er könne die Wiedergeburt beweisen. Er trat vor den König und erinnerte ihn an die vorhergegangenen Ereignisse und behauptete, er sei der frühere buddhistische Weise. Dieser Junge wurde später ein berühmter buddhistischer Dichter, und die Werke Chandragomins – so lautete sein Name – waren für ihre dichterische Größe bekannt. Ebenso gab es in Tibet viele, die detaillierte Angaben über die persönlichen Umstände und die Menschen machen konnten, mit denen sie in ihrem vergangenen Leben zusammen waren.

Da das Karma, das wir im jetzigen Leben schaffen, mit Gewißheit zum Erleben zukünftiger Existenzen führt, sollten wir uns schon jetzt auf sie vorbereiten. Wie können wir das tun? Indem wir nach einem Geist streben, der frei ist von geistiger Verschmutzung oder Verdunkelung, und statt dessen Tugenden erwerben. Das kann nur durch rechtes Verstehen geschehen (dessen, was einerseits das Ungeeignete und die geistigen Verdunkelungen aufbaut, und dessen, was andererseits geeignetes Verhalten und Verdienste bedeutet). Dazu müssen wir die Richtung angeben, die der Strom des Geistes zu nehmen hat, und auch das ist nur mit Hilfe des rechten Verstehens möglich. Der Strom des durch Geburt und Tod flutenden Geistes kann nur durch rechtes Üben stillgelegt werden, und das kann viele Leben benötigen. Oder man kann den Strom im jetzigen Leben unterbrechen, indem man sich der Übung der tiefsten geeigneten Mittel unterzieht[20].

Zum Abschluß der Ausführung über das Rad der Wiedergeburten wollen wir folgende drei Punkte herausstellen:

Die zweifache Wahrheit, die analysiert und genau verstanden werden sollte.

Der zweifache Pfad der Weisheit und der *Geeigneten Mittel*, den man als den eigenen Übungszweck akzeptieren sollte.

Und darauf basierend sollte man das Geheimnis kennenlernen, wie der *Dreifache Körper*, der das letzte Ziel bildet, zu erlangen ist.

Diese drei wichtigen Punkte sollen in der entsprechenden Reihenfolge erklärt werden.

DIE ZWEI EBENEN DER WIRKLICHKEIT
(Paramartha-Satya; Samvṛti-Satya)

Alles, was uns bekannt ist (durch die fünf Sinne und den Geist, den sechsten Sinn), ist in zwei Kategorien aufzuteilen: in jene, die relativ wirklich sind (samvṛti-satya), und jene, die absolut wirklich sind (paramartha-satya). Dinge, die vollkommen unwirklich sind, gibt es gar nicht, noch sind sie Objekte der Erkenntnis. Aus diesem Grund werden die Objekte der Erkenntnis, auf welche Weise auch immer sie wahrgenommen werden, mit dem Begriff »Wirklichkeit« (satya, wörtlich: »Istheit«) bezeichnet. Man unterscheidet zwei Ebenen oder Aspekte der Wirklichkeit, weil sie tatsächlich völlig verschieden voneinander sind. Jede wahrnehmbare Sache, die vom Standpunkt des Absoluten aus wirklich ist, muß zwangsläufig anders als vom relativen Standpunkt aus gesehen werden. Die gewöhnliche oder relative Wirklichkeit einer Sache ist ihre mutmaßliche Existenz; vom Standpunkt des Absoluten aus kann darum ihre Existenz nicht mit dieser gewöhnlichen Wirklichkeit übereinstimmen. Darum heißt es, daß diese beiden Ebenen der Wirklichkeit einander gegenseitig ausschließen. Also erscheint es vielleicht nicht als klug, die beiden einander entgegengesetzten Punkte als »Wirklichkeit« zu bezeichnen, doch um alle wahrnehmbaren Objekte einzuschließen, nennt man sie wirklich, ungeachtet, auf welcher Ebene sie wahrgenommen werden. Genau genommen gibt es nur eine Wirklichkeit[21], und das ist die Absolute Wirklichkeit. Wäre das nicht so, dann hätte die relative Wirklichkeit keine Bedeutung. Außer diesen zwei Ebenen der Wirklichkeit gibt es keine dritte, die zwischen ihnen stehen könnte.

Um das Geheimnis dieser zwei Ebenen der Wirklichkeit verstehen zu können, müssen wir unsere Aufmerksamkeit den Eigenschaften beider zuwenden, und dadurch wird klar werden, daß sie untrennbar sind. Wenn eben darauf hingewiesen wurde, daß die beiden im Gegensatz zueinander stehen, so widerspricht das nicht der Feststellung, daß die Natur beider grundsätzlich dieselbe ist. *Wenn sie nicht gleicher Natur wären und als verschieden betrachtet würden,* so würden sich viele Trugschlüsse daraus ergeben, von denen wir hier vier unterscheiden wollen:

1. Wären sie verschiedener Natur, dann würde eine materielle Sache für wirkliche Substanz gehalten (während absolute Nicht-Substanz gelehrt wird). Das würde auch heißen, daß die eigentliche Natur einer Sache überhaupt nichts mit ihren Eigenschaften zu tun hat (die ihrer mutmaßlichen Bedeutung entspringen). In diesem Fall werden die Menschen niemals erkennen, daß die Existenz von Dingen oder ihre mutmaßliche Essenz in Wirklichkeit die Nicht-Substanz, das Leere, das Nicht-Selbst ist, und damit muß auch die Erkenntnis, die ihnen das offenbaren könnte, ein Geheimnis bleiben.
2. Noch einmal: Wenn verschiedene Naturen für die zwei Ebenen der Wirklichkeit angenommen werden, so können die Menschen, selbst wenn sie wissen, daß die Dinge Nicht-Substanz sind etc., nicht bis zur eigentlichen wahren Natur der relativen Wirklichkeit vordringen (und so die Täuschung zerstören), solange es so aussieht, als wandle sich dabei relative in absolute Wirklichkeit um.
3. Daraus folgt, daß es für Meditierende nutzlos ist, sich im Weg der Versenkung zu üben, mit der Vorstellung, da-

durch die »Nicht-Selbst-Natur« zu verwirklichen, denn wenn die absolute Wirklichkeit unabhängig ist von der relativen, dann wird das Erlangen der Erkenntnis im Meditierenden durch das Meditationsobjekt (das relativ ist) und seine Verhaftung daran verhindert. Das Ergebnis ist, daß die Erkenntnis, die unbehindert, unverhaftet und objektlos ist, nicht in ihm entstehen kann, und so sind Vollkommenheit und selbst das Wissen um den Weg nur schwer zu erlangen.

4. Wenn das der Fall ist, so mag einer vielleicht sagen, daß Buddhas Verstehen nicht frei war von der Verhaftung an die Dinge und ihre Selbst-Natur, so daß die subtilen Verdunkelungen, die damit verbunden sind, von ihm nicht ausgerottet wurden.

Wenn andererseits *die beiden Wirklichkeiten sich in keiner Weise unterscheiden sollten,* dann lassen sich vier weitere Fehler feststellen:

1. Wenn wir aufhören, die illusionäre, relative Wirklichkeit, aus der das Karma besteht (absichtsvolle Taten), und die geistigen Verdunkelungen zu trennen, so müssen wir auch aufhören, die Absolute Wirklichkeit (des Nirvāṇa) gesondert davon zu sehen.
2. Wenn diese Annahme richtig ist, also relative dharmas (Erscheinungen) vielfältig und manche davon nicht wahrnehmbar sind, so müßte es auch absolute dharmas geben, die vielfältig und nicht wahrnehmbar sind, wogegen es aber eine Tatsache ist, daß die Absolute Wirklichkeit eines ist und es nicht unmöglich ist, sie wahrzunehmen (da ihre Wahrnehmung von den Buddhas und Arhats vollzogen wurde, die das Nirvāṇa erfuhren).
3. Es liegt ein weiterer Trugschluß in der Meinung des Durchschnittsmenschen, der, von der Unwissenheit

überwältigt, glaubt, er habe bereits die geistigen Verdunkelungen von sich geworfen und die Buddhaschaft verwirklicht. Wäre es so, dann könnte es den Weg des Edlen (āryapudgala) nicht geben, des »Wanderers auf dem Pfad« bis zum Arhat.

4. Der bedeutsamste Fehler würde in diesem Fall der sein, daß es, wenn die dharmas relativ wirklich und damit voller Unzulänglichkeit wären, mit der Absoluten Wirklichkeit gleichermaßen bestellt sein müßte[22] (aber Nirvāṇa ist Vollkommenheit).

Die offensichtlichen Widersprüche zwischen diesen beiden Ebenen der Wirklichkeit sollten durch die Erklärung zu lösen sein, daß sie ihrer Natur nach nicht verschieden sind, wohl aber in Hinsicht auf ihre praktische Anwendung.

Die Absolute Wirklichkeit ist das, was durch tiefes Nachsinnen und durch die Kontemplation über die absolute oder wahre Natur der dharmas erkannt wird, während die dharmas, die einen Namen haben und vom Geist als solchem erkannt werden können, als relative Wirklichkeit bezeichnet werden. Um dies besser zu verstehen, können wir die Etymologie zu Hilfe nehmen und die Begriffe Paramartha-Satya und Samvṛti-Satya untersuchen. Im ersten der beiden bedeutet parama das »Hervorragende, Beste, Höchste«, während das Wort artha hier »das, was fähig ist« (mittels der höchsten Weisheit erkannt zu werden), bezeichnet. Es bedeutet auch »das, was von der höchsten Weisheit überprüft werden kann«. Ein erkennbares dharma wie dieses wird paramartha genannt, weil es das hervorragendste, wahrhaft höchste aller erkennbaren dharmas ist. Das Wort satya bedeutet wörtlich »Ist-heit« oder »die-Dinge-wie-sie-sind«, und wenn wir sorgfältig darüber nachdenken, worauf »Ist-heit« anwendbar ist, so kann das nur die Absolute Wirklichkeit sein.

Samvṛti-Satya bezeichnet die Betrachtungsweise, welche die Wirklichkeit der eigentlichen Natur der dharmas begreift[23]. Sie heißt samvṛti oder relativ, weil das, was vom Standpunkt dieser Wirklichkeit aus wahrgenommen wird, relativ wirklich ist; der Sinn kann auch als »falsch« oder »unrichtig« aufgefaßt werden, denn die Art und Weise, in der eine Sache im Licht dieser Wirklichkeit erscheint, ist unbedingt entstellend, da keine Einheit besteht zwischen der relativen Wahrnehmung der Sache und ihrer eigentlichen Natur. Obwohl also letztlich diese »Wirklichkeit« unecht ist, sind die Erscheinungen, die in einem von der relativen Wirklichkeit beherrschten Geist geschaffen werden, bis zu einem gewissen Grade wirklich, und daher sagen wir, sie sind satya. Zum besseren Verständnis der Absoluten Wirklichkeit wollen wir sie folgendermaßen analysieren:

Paramartha-Satya = *Nairātmya* = *Nihsvabhāvatā*
Absolute Wirklichkeit — Nicht-Selbst-Seele — Nicht-Selbst-Natur

Pudgala-Nairātmya
Nicht-Selbst-Seele einer Person
(kein Selbst oder keine Seele ist in einer »Person« vorhanden)

Dharma-Nairātmya
Nicht-Selbst-Seele der dharmas
(kein Selbst oder keine Seele ist in den einzelnen Komponenten einer Person vorhanden)

4 Aspekte der Leere

Bhava-Śūnyatā	*Abhava-Śūnyatā*	*Svabhava-Śūnyatā*	*Parabhava-Śūnyatā*
Leere des Geschaffenen	Leere des Ungeschaffenen	Leere des Selbst-Geschaffenen	Leere des von anderen Geschaffenen

Diese Klassifizierungen können später zu 16, 18 oder 20 Aspekten der Leere ausgearbeitet werden, doch die obengenannten vier Aspekte genügen vorerst für unser jetziges

Vorhaben[24]. Sie sind lediglich als vorläufige Einteilung dessen gedacht, was mit Wirklichkeit gemeint ist; eine vollständige Zusammenfassung der Aspekte von Nicht-Selbst-Seele findet sich in dem Kapitel über die »Übung der Höchsten Weisheit«.

DIE DASEINSFAKTOREN, WAHRNEHMUNGSFAKTOREN UND ELEMENTE
(skandha, āyatana, dhātu)

Alle dharmas außer der Leere sind unter dem Begriff der relativen Wirklichkeit zusammengefaßt, der auf diese Weise die Klassifizierungen einschließt, die als die fünf Daseinsfaktoren (skandha), die zwölf Wahrnehmungsfaktoren (āyatana) und die achtzehn Elemente (dhātu) bekannt sind. Skandha bedeutet Gruppe, Ansammlung, Masse, Aggregat oder Faktor. Die fünf Daseinsfaktoren sind unabhängig voneinander und entstehen gemeinsam. Die āyatana oder Wahrnehmungsfaktoren sind die Quellen für das Entstehen des Geistes und die geistigen Erscheinungen. Dhātu ist das Ursprüngliche, und innerhalb dieser achtzehn Klassen können alle Dinge der Welt plaziert werden.

DIE FÜNF DASEINSFAKTOREN

1. Der elffache Formfaktor (rūpa-skandha) schließt die fünf subjektiven Sinnesgrundlagen und die fünf äußeren Objekte ein:

Augen-Basis	Ohren-Basis	Nasen-Basis	Zungen-Basis	Körper-Basis
↕	↕	↕	↕	↕
Sichtbares	Hörbares	Riechbares	Schmeckbares	Fühlbares

Der elfte Teil ist die Form, die nicht wahrnehmbar ist (avijñapti-rūpa)[25].

2. Der Gefühlsfaktor (vedanā-skandha) besteht aus den drei Arten des Empfindens: angenehm, unangenehm und das, was weder das eine noch das andere ist.
3. Samjñā-skandha oder der Wissensfaktor (einschließlich des Gedächtnisses) umfaßt zwei Teile: svavicāra und avicāra, Erinnerung des Wissens und Abwesenheit der Erinnerung des Wissens, wobei jeder dieser beiden unterteilt ist in begrenzt, ausgedehnt oder unbegrenzt.
4. Saṃskāra-skandha oder der Faktor der willentlichen Gestaltungen enthält die geistigen Koeffizienten, die eingeteilt werden in solche, die mit dem Bewußtsein verbunden, und solche, die nicht mit dem Bewußtsein verbunden sind[26].
5. Der letzte der fünf Daseinsfaktoren ist der des Bewußtseins (vijñāna-skandha), der die sechs Arten des Bewußtseins umfaßt, von denen jede mit der jeweiligen Entsprechung innerhalb der sechs Sinnesgrundlagen verbunden ist. Das gewöhnliche Erkennen der Dinge beruht auf diesen sechs Arten des Bewußtseins.

DIE ZWÖLF WAHRNEHMUNGSFAKTOREN

	Zehn materielle Wahrnehmungsfaktoren					Zwei geistige Wahrnehmungsfaktoren
subjektiv	Auge	Ohr	Nase	Zunge	Körper	Geist
objektiv	Form	Klang	Geruch	Geschmack	Gefühl	geistige Erscheinungen

Es muß hier ein Unterschied zwischen der Bedeutung von Form und dem hier genannten Wahrnehmungsfaktor Form gemacht werden, da der erstere alle elf Kategorien der Form umfaßt, der letztere jedoch nur die Form meint, die Objekt des Wahrnehmungs-Faktors Auge in den Begriffen der Farben und Formen ist. Dasselbe gilt auch in Hinsicht auf die übrigen Wahrnehmungsfaktoren.

Wie wir aus der obenstehenden Tafel ersehen, sind die Wahrnehmungsfaktoren aufgeteilt – zum Zweck der Unterscheidung in subjektiv und objektiv wie auch in materiell und geistig. Citta (Herz/Geist), manas (Geist/Gedanke) und vijñāna (Bewußtsein) haben eine in bestimmten Punkten übereinstimmende Bedeutung, weshalb alle geistigen Zustände, wie etwa Augen-Bewußtsein, hier unter dem Wahrnehmungsfaktor Geist zusammengefaßt sind. Raum (ākāśa, śūnyatā) und alle anderen nicht-bedingten dharmas gehören zum Wahrnehmungsfaktor Geistige Erscheinungen.

DIE ACHTZEHN ELEMENTE

Dominante Elemente	Auge	Ohr	Nase	Zunge	Körper	Geist
Objekt-Elemente	Form	Klang	Geruch	Geschmack	Gefühl	Geistige Erscheinungen
Bewußtseins-Elemente	Augen-Bewußtsein	Ohren-Bewußtsein	Nasen-Bewußtsein	Zungen-Bewußtsein	Körper-Bewußtsein	Geist-Bewußtsein

Die obenstehende Tafel zeigt die achtzehn Elemente, die in die drei Kategorien: dominante Elemente, Objektelemente und Bewußtseinselemente aufgeteilt sind. Die Dominanten, das heißt die verschiedenen sinnlichen Fähigkeiten, die die Quellen der betreffenden Bewußtheit sind, werden die dominanten Elemente genannt; die sechs Arten des Bewußtseins, die in Abhängigkeit von den entsprechenden sechs Dominanten entstehen, werden die Bewußtseinselemente genannt; und die sechs Objekte wie Form, Klang etc., welche die Objekte der sechs Bewußtheiten sind, nennt man die sechs Objektelemente.

Kurz, alle bedingten dharmas sind in den fünf Daseinsfaktoren enthalten. Die zwölf Wahrnehmungsfaktoren beinhalten die bedingten und die nicht-bedingten dharmas. Alle erkennbaren dharmas wiederum sind in der Einteilung in achtzehn Elemente enthalten. Alle Objekte der Erkenntnis, von denen wir im Kapitel über die zwei Ebenen der Wirklichkeit sprachen, sind sowohl in den zwölf Wahrnehmungsfaktoren wie in den achtzehn Elementen enthalten. Analysiert man diese achtzehn Elemente, so kann man zweiundsechzig Komponenten feststellen, und um diese richtig zu verstehen, ist es unumgänglich notwendig, daß man ihre Natur, Funktion, Kategorie usw. kennt, wie auch über das Wissen zu verfügen, welche von ihnen beseitigt und welche entwickelt werden sollten. In der Befürchtung, daß dieses Buch sonst zu lang wird, ist diese Information hier nicht mitenthalten, und der Leser wird gebeten, dazu ausführlichere Werke zu Rate zu ziehen.

Es ist die Pflicht eines guten Buddhisten, das rechte Verständnis dieser Daseinsfaktoren, Wahrnehmungsfaktoren und Elemente zu erlangen, so daß er innerhalb seiner eigenen Erfahrungen durch Selbstbeobachtung schnell und genau zu unterscheiden vermag: »Aha, das ist dieser oder jener Daseinsfaktor, Wahrnehmungsfaktor«, schon während diese im Entstehen sind. Diese analytische Erkenntnis (zum täglichen

Gebrauch als ein Attribut der Einsicht oder Meditation), verbunden mit dem Verständnis für das Loslassen und Aufbauen, ist eine wertvolle Hilfe auf dem Weg zum höchsten Frieden (Nirvāṇa).

Sehr gegen seinen Wunsch geht jeder Mensch durch den Kreislauf der Erfahrung des Unbefriedigtseins oder duhkha, auch das Rad der Wiedergeburten genannt, wobei er in verschiedenartiger Weise zu leiden hat. Die Ursachen dieses immer gegenwärtigen Rades des duhkha sind in ihrer Gesamtheit die Verdunkelungen oder Befleckungen des Geistes wie Gier, Abneigung und Täuschung. Sie alle haben tiefe Wurzeln im Geist des Menschen, und solange diese Wurzeln nicht *vollkommen beseitigt sind, ist es nicht möglich, den Strom des duhkha zum Versiegen zu bringen.* Um die Freiheit von duhkha zu erreichen und die Erlösung zu erlangen, die den großen Frieden und die höchste Freude bedeuten, gibt es nur ein einziges Mittel, und das ist die Zerstörung dieser Verdunkelungen, die aus Gier, Abneigung und Täuschung bestehen und die unserem Geist angeboren sind. Wie das nun vollbracht werden kann, wird in den folgenden Kapiteln dieses Buches ausgeführt.

DIE DREI SAMMLUNGEN DES BUDDHA-WORTES
(Tripiṭaka)

Buddha selbst hat alle 84000 Abschnitte des Dharma (in welche die gesamte Lehre aufgeteilt werden kann) mit dem Ziel gelehrt, die Menschen über die Mittel und Wege zu unterrichten, mittels derer sie die geistigen Verdunkelungen zerstören und den höchsten Frieden erfahren können. Nur durch die Praxis der in diesen 84000 Abschnitten gelehrten Methoden des Dharma können diese Verdunkelungen beseitigt werden. Eine kürzere Einteilung der Lehre ist die zwölffache Lehre des Dharma[27], und wenn man sich auf eine noch kürzere Gliederung beschränkt, so kann man auch sagen, daß alle Lehren Buddhas in den drei Sammlungen (wörtlich: »Körben«) enthalten sind.

Diese sind: die Sammlung der Disziplin (Vinaya Piṭaka), der Lehrreden (Sūtra Piṭaka) und der pragmatischen psychoethischen Philosophie (Abhidharma Piṭaka). Die ersten Herausgeber dieser drei Sammlungen (das waren die hervorragenden bhiksus des ersten und zweiten Konzils) faßten die große Menge der Buddha-Lehren aus verschiedenen Gründen unter diesen drei Kategorien zusammen. Neun der Belehrungen, die zu den wichtigsten gehören, wählten wir aus, um sie hier darzustellen. Sūtra, Vinaya und Abhidharma werden von dreien dieser neun vom Standpunkt *der zu zerstörenden dharmas* aus dargestellt. Weitere drei sind am Aspekt *der zu entwickelnden dharmas* orientiert, beziehungsweise erläutern die drei Sammlungen vom Standpunkt der Übung aus, während die letzten drei Sūtra, Vinaya und

Abhidharma vom Aspekt *jener dharmas, die erkannt werden müssen,* aus betrachten. So haben wir also die Reihenfolge: Zerstörung (des Ungeeigneten), Entwicklung (des Geeigneten) und Erkenntnis oder Realisation (der Wirklichkeit), und diese Reihenfolge muß von jedem eingehalten werden, der den Dharma üben will.

Drei Gründe aus der Sicht der Zerstörung

Im Zusammenhang mit den drei Sammlungen stehen drei geistige Verdunkelungen, welche die entsprechenden Funktionen dieser Sammlungen veranschaulichen. Diese drei Verdunkelungen behindern den Weg zur Befreiung und müssen von denen, die nach der Freiheit verlangen, zerstört werden.

Die erste dieser Verdunkelungen ist die *Skepsis,* die Zweifel im Geist entstehen läßt über die Tatsache der Vier Edlen Wahrheiten und des Abhängigen Entstehens[28]. Durch Nachsinnen über die Sammlung der Lehrreden kann man sich von der Skepsis befreien, denn die Inhalte dieser Sammlung können auf ihre Gültigkeit hin überprüft und als dieser Verdunkelung entgegenwirkend erkannt werden. Warum ist das so? In der Sammlung der Lehrreden werden die individuellen und allgemeinen Eigenschaften[29] der Daseinsfaktoren, der Wahrnehmungsfaktoren und der Elemente, das Abhängige Entstehen, die Vier Edlen Wahrheiten, die zehn Ebenen, die zehn vollkommenen Eigenschaften und vieles andere in aller Klarheit dargelegt, und der höchste Übungsweg der Sammlung wird in großer Lebendigkeit beschrieben. Indem man diese individuellen und allgemeinen Eigenschaften deutlich macht, kann man sich von der Skepsis befreien, wenn es einem möglich ist, zum wahren Verständnis durchzudringen. Die Natur der Skepsis ist die, daß sie eben das nicht geschehen läßt, daß sie den Geist im Schwanken zwischen allen denkbaren Extremen und Gegensätzen befangen hält. Darum heißt es, daß der Sūtra Piṭaka gelehrt wurde, um dieser Verdunkelung durch die Skepsis entgegenzuwirken[30].

Extreme wie die Zügellosigkeit der Sinnesfreuden einerseits und die Züchtigung des Körpers durch Gelübde der Askese im Glauben, damit den Geist zu läutern, andererseits sollten vermieden werden, und um sie zu überwinden, lehrte Buddha den Mittleren Pfad der Übung[31].

Nun zur zweiten der Verdunkelungen, welche die *Verhaftung an extreme Standpunkte* bewirkt. Wenn man über den *Vinaya Piṭaka* nachsinnt, kann diese Verdunkelung beseitigt werden, so daß es von der Disziplin heißt, sie stünde im Gegensatz zur Verhaftung-an-extreme-Standpunkte. Warum? Die detaillierte Analyse des Verhaltens, wie sie in der Sammlung der Disziplin enthalten ist, zeigt die Fehler der Zügellosigkeit gegenüber den Sinnesfreuden auf – wie üppige Nahrung, bequeme weiche Betten, sexueller Verkehr[32] usw., und dies ruft den Menschen dazu auf, sich selbst zu prüfen. Die zwei obengenannten Extreme heißen: von Sinnesfreuden betäubt sein, und das Gegenstück dazu ist körperliche Züchtigung zwecks Läuterung des Selbst, und das macht deutlich, daß die Beschränkung, wie sie im *Vinaya Piṭaka* gelehrt wird, dieser Verdunkelung entgegenwirkt.

Obwohl der Inhalt der Sammlung der Disziplin sich nachdrücklich gegen die Zügellosigkeit der Sinnesfreuden wendet, hat Buddha doch jenen, die von reiner Tugend und ohne Verhaftung sind und überdies mühelos sowohl Achtung wie auch materielle Dinge für ihre Bequemlichkeit erlangen (dank ihrer Verdienste) und fähig sind, jegliche Verhaftung an solche Dinge zu kontrollieren, die Annahme feiner Nahrung und anderer Annehmlichkeiten erlaubt. Da er strikte Enthaltsamkeit nicht unterschiedslos für alle guthieß, wendet sich dieser Teil seiner Lehren im *Vinaya Piṭaka* gegen das Extrem der Selbstkasteiung. Die Essenz kann so zusammengefaßt werden: Ein Mensch, der viel besitzt und sein Vermögen gebraucht, ohne verhaftet zu sein, ohne von Leidenschaft behindert zu sein, ist von reinem Charakter und fähig, Reichtum und Ruhm etc. zu besitzen; ein Bhiksu dagegen, der nur drei Gewänder besitzt, die er aus zusammengesammelten Fetzen zurechtgeflickt hat, und an diese noch verhaftet ist, hat einen unreinen Charakter, und es ist ihm von Buddhas Seite nicht gestattet, die Sonder-Zugeständnisse anzunehmen. Erlaubnis und Verbot beziehen sich in der Praxis des Vinaya auf das Abnehmen beziehungsweise Anwachsen der geistigen Verdunkelungen und nicht auf die Requisiten des Lebens (oder Besitztümer) selbst. Daher wurde der *Vinaya Piṭaka* gelehrt, um der Verdunkelung entgegenzuwirken, die einen dazu verführt, starr an extremen Ansichten festzuhalten.

Nun kommen wir zur dritten geistigen Verdunkelung, dem dogmatischen Standpunkt, der sagt: »Meine eigene Meinung ist die Wahrheit, und alle anderen Meinungen sind falsch.« Man kann sich auf solch eine Meinung so völlig festlegen, daß man sie um nichts in der Welt mehr loslassen möchte. Das nennt man idam-satyābhiniveṣa[33], wörtlich: »das-ist-Wahrheit-Dogmatik-Glaube«, und es ist dies die dritte Verdunkelung, von der man sich lösen soll. Dies erreicht man durch Nachsinnen über den *Abhidharma Piṭaka*, der solchen dogmatischen Meinungen entgegenwirkt.

Das Studium des Abhidharma durch Hören, Lesen und Nachdenken führt zu einem klaren Verständnis der individuellen und allgemeinen Eigenschaften[34] der drei Kennzeichen: Vergänglichkeit, Unbefriedigtsein und Nicht-Selbst-Seele. Wer keine Einsicht in diese drei Kennzeichen besitzt, fällt in den Abgrund falscher Vorstellungen und verkennt das Unbefriedigende und meint, es sei Glück, hält das Vergängliche für unvergänglich, glaubt an die Existenz von Selbst-Seele, wo es keine gibt und betrachtet schließlich das Unschöne als schön. Hält man an solchermaßen verdrehten Vorstellungen fest, so hält man falsche Normen moralischen Verhaltens für richtig, und das ist wahrhaft eine ungeeignete Übung. Der Abhidharma zeigt deutlich die Eigenschaften der dharmas und ihre Wirkungen und hilft so, das rechte Verständnis zu festigen, welches seinerseits allen falschen Vorstellungen entgegenwirkt, die einen in die Irre führen können, wie etwa die dogmatische Meinung: »Dies ist die Wahrheit, alles andere ist falsch.« Es heißt, daß der *Abhidharma Piṭaka* zum Zweck der Zerstörung solcher falscher Vorstellungen (indem man die Überlegenheit des Buddha-Weges anerkennt) gelehrt wurde.

Drei Gründe aus der Sicht der Übung

Alle Anweisungen Buddhas können unter der Rubrik der dreifachen Übung zusammengefaßt werden: Tugend (śīla), Sammlung (samādhi) und Weisheit (prajñā), die im nächsten Kapitel behandelt werden.

Was die drei Sammlungen des Buddhawortes betrifft, so

wird erstens in den *Sūtras* oder Lehrreden alles beschrieben, was zu den Übungen in jedem der drei Aspekte gehört. Vom Standpunkt des Śrāvakyāna[35] aus besteht die Tugend im Einhalten der Vorschriften der Prātimokṣa-Regeln (siehe unten), mit Hilfe derer man sich davor bewahrt, vom Weg des rechten Verhaltens abzuirren, und indem man darauf achtet, daß man nicht den geringsten Fehler begeht, der die Reinheit beflecken könnte. Ist man fähig, in den erreichten Zuständen der Versenkung und den Sphären der Nicht-Form zu verweilen, so ist dies die Übung der Sammlung; und Einsicht in die Vier Edlen Wahrheiten ist die Übung der Weisheit.

Vom Mahāyāna-Standpunkt aus ist die Übung der Tugend das Auslöschen jeden falschen Verhaltens[36], während die Übung der Sammlung im Erlernen der zwei Formen der Übungen, genannt Gaganagañja und Śūraṃgana[37], besteht. Die Übung der Weisheit ist die Erfahrung der nicht-unterscheidenden Erkenntnis im Betrachten der dharmas, also jener Erkenntnis, welche die absolute Wirklichkeit zur Grundlage hat. Auf diese Weise wird in der Sammlung der Śrāvakayāna- und der Mahāyāna-Lehrreden die gesamte dreifache Übung gelehrt.

Vom *Vinaya Piṭaka* oder der Sammlung der Disziplin heißt es, daß darin sowohl die Tugend als auch die Sammlung gelehrt wird. Die Disziplin unterrichtet darüber, was vermieden und was zugelassen werden soll und verhilft damit zur Läuterung der Tugend. Dank dieser Läuterung können im Geist weder Verstörung noch Reue entstehen. Wenn der Geist ungestört ist, wirkt sich dies in der Form von Leichtigkeit des Körpers und seiner mühelosen Arbeitsfähigkeit aus. Mit der Ruhe des Geistes stellt sich ein Überströmen von Freude und Glück in Geist und Körper ein. Wird dies erfahren, so erreicht der Meditierende das Auf-einen-Punkt-gerichtet-sein und ist damit fähig, in ein Stadium der Sammlung einzutreten[38]. Auf diese Weise lehrt der Vinaya die Übung der Tugend und die Übung der Sammlung.

Die dritte Sammlung ist die des Abhidharma, in welchem einzig die Weisheit gelehrt wird. In dieser Sammlung wird eine gründliche Analyse vorgenommen, um die Natur aller dharmas zu ermitteln. Wenn man hört, liest und nachdenkt, entsteht die Weisheit, die frei ist von Täuschung und die bis zur wahren Natur der dharmas vordringt. So unterrichtet der *Abhidharma Piṭaka* über die Übung der Weisheit.

Drei Gründe aus der Sicht der Erkenntnis

Die Sammlung der Lehrreden enthält sowohl den wörtlichen Inhalt des Dharma, wie auch den mitüberlieferten erläuterten und erweiterten Inhalt. Wörtlicher Dharma bedeutet hier die Buchstaben, Worte und Begriffe, die in der Lehre gebraucht werden, wie »Daseinsfaktoren«, »Wahrnehmungsfaktoren« und »Elemente«, wogegen die Aussage, die vom Gebrauch dieser Begriffe hergeleitet wurde, der erweiterte oder essentielle Inhalt ist. Es gibt noch eine andere Auslegung: es heißt, daß die Daseinsfaktoren, Wahrnehmungsfaktoren und Elemente der wörtliche Dharma sind, während die vierfachen Verbindungen den erläuterten oder essentiellen Inhalt bilden. Wir können also sagen, daß der wörtliche Dharma soviel bedeutet wie der Weg der zehn geeigneten Taten (siehe das nächste Kapitel über die Tugend), während der Pfad der Übung, der die siebenunddreißig Flügel der Erleuchtung, die zum Nirvāṇa führen, beinhaltet, den essentiellen Inhalt darstellt.

Als nächstes kommt der *Vinaya,* der auf die dharmas hinweist, die entwickelt oder zerstört werden müssen, auf daß der Übende die reine Tugend verwirkliche (wörtlicher Inhalt), während er zugleich zur Übung der Meditation über das Schlechte usw. angehalten wird, wodurch die Zerstörung der geistigen Verdunkelungen ermöglicht wird (der essentielle Inhalt). Wenn also ein Mensch von reiner Tugend beherrscht ist, werden seine geistigen Verdunkelungen zerstört, woraufhin die zwei Aspekte der Lehre, vyānjana und artha, in seiner Kontinuität erscheinen. Auf diese Weise festigt der *Vinaya Piṭaka* die beiden Aspekte des Dharma in dem, der ihn praktiziert.

Das Studium des *Abhidharma* gibt dem Menschen die Fähigkeit, den wörtlichen und den erweiterten Inhalt des Dharma zum Wohle der anderen in Worte zu fassen.

Die oben beschriebenen Kategorien zeigen die Gründe auf, weswegen die Sammlungen der *Sūtra, Vinaya* und *Abhidharma* gelehrt werden, und wie sie sich auf verschiedenen Ebenen zur Zerstörung der Verhaftungen, zur Übung und zur Erkenntnis verhalten, um auf diese Weise die Verbindung der geeigneten Mittel mit der Erkenntnis zu veranschaulichen, wie sie in der gesamten buddhistischen Lehre und in allen drei Fahrzeugen – dem der Schüler, dem der Stillen Buddhas und im Großen Fahrzeug – gehandhabt wird[39].

DIE DREIFACHE ÜBUNG

(Triśikṣa)

Die Gesamtheit der Lehren Buddhas kann unter den Rubriken adhiśīla, adhisamādhi und adhiprajñā zusammengefaßt werden, da alle Themen, die in den drei Sammlungen besprochen werden, unter einen dieser drei Titel fallen. In jedem dieser drei Begriffe bedeutet die Vorsilbe adhi soviel wie »das Besondere« oder »das Höchste«. So bezeichnet der Begriff adhiśīla die »besondere« oder die »höchste Tugend«. Man nennt sie »besondere« oder »höchste«, weil sie sich als ein Segen sowohl für den, der sie übt, wie für die anderen um ihn erweist, und das gilt für das gegenwärtige wie für die zukünftigen Leben. Die Normen der Tugend, nach denen sich manche andere (Nicht-Buddhisten) richten, gehören nicht zu dieser Kategorie. Zum Beispiel besagt der ritualistische Standpunkt, wie er der Hindu-Praxis entspricht, es sei tugendhaft, die Kasteiung durch das »fünffache Feuer« vorzunehmen, was jedoch in Wirklichkeit weder zum eigenen Segen noch zu dem der anderen gereicht, sondern eher dazu neigt, bei allen Beteiligten Verwirrung zu schaffen[40]. Wenn dagegen man selbst und andere von der Übung der Höchsten Tugend profitieren, so wird sie zu Recht die Höchste genannt.

Ähnlich können wir erkennen, warum die Übung der Höchsten Sammlung als solche bezeichnet wird. Diese Sammlung, die man durch die Übung erlangen kann, wirkt den geistigen Verdunkelungen und der Verhaftung an böse Gedanken entgegen und führt damit nicht nur zum Glück in späteren Leben, sondern auch zum Glück hier-und-jetzt. Und das ist noch nicht alles. Letztlich kann man durch die Übung der Sammlung, wie sie im Buddhadharma gelehrt wird, den überirdischen Segen des Nirvāṇa erfahren. Aus diesem Grund kann man die von Buddha gelehrte Sammlung nicht als »gewöhnliche« bezeichnen. Samādhi, wie es von Außenstehenden gelehrt wird, hat die Wirkung, den Geist zu beruhigen, ihn vor der Störung durch Sinnesobjekte zu bewahren und darum zum momentanen Glück zu führen oder im besten Falle eine Existenz als ein Gott (deva) in den himmlischen Bereichen der Form oder der Nicht-Form – und das bedeutet, in einem der Bereiche des Kreislaufs – zu ermöglichen[41]. Da dieses Samādhi die Verdunkelungen des Geistes und seine negativen Gestaltungen nicht zu zerstören vermag (da nur Beruhigung ohne Einsicht entwickelt wird), kann es in der Form, wie es von Außenstehenden gelehrt wird, nicht als Höchstes bezeichnet werden.

Um zu verstehen, warum die von Buddha gelehrte Weisheit die Höchste Weisheit genannt wird, müssen wir etwas über ihren Ansatzpunkt und ihr Ziel wissen. Den Glauben an ein Selbst oder eine Seele und die Meinung, sie habe ein unendliches Sein, nennt man Selbst-Seele-Glaube. Dieser ist in zwei Aspekte aufgeteilt: in den Glauben an ein Selbst in der Person und den Glauben an ein Selbst in den dharmas. Außerdem unterscheiden wir zwei Arten von Gedanken-Vernebelungen (oder Hindernisse), genannt die Behinderung durch geistige Verdunkelungen und die Behinderung der Erkenntnis. Die erste der beiden unterstützt den Glauben an das Selbst der Person, während die zweite den Glauben an ein Selbst der dharmas begünstigt. Diese irreführenden Anschauungen und Behinderungen sind der Grund, weshalb die Wesen in geistige Verdunkelungen und in Unwissenheit verstrickt sind. Die Weisheit, die Buddha lehrte, ist in der Lage, diese Verdunkelungen und Behinderungen für immer zu zerstören, denn wenn sie in die Praxis umgesetzt wird und die Verwirklichung erlangt ist, verschwinden sie und lassen nur die ungetrübte Erkenntnis zurück. Prajñā oder Weisheit dieser Art kann kaum als »gewöhnlich« bezeichnet werden und ist darum zu Recht als die Höchste Weisheit bekannt. Wenn wir die von Außenstehenden gelehrte Weisheit untersuchen, können wir sehen, daß sie nicht dieselbe Höhe erreicht, da sie nicht zum Sehen-der-Dinge-wie-sie-sind führt und somit nicht zur Erkenntnis der Absoluten Wirklichkeit. Ohne diese ist es nicht möglich, die Fesseln der Unwissenheit, der Grund-Ursache des Kreislaufs, zu durchschneiden.

I

DIE ÜBUNG DER HÖCHSTEN TUGEND

(adhiśīla-śikṣā)

Dies ist der erste der drei Übungswege; denn wie die Erde die Grundlage aller Dinge dieser Welt bildet, so ist die Tugend die Basis und Wurzel aller geeigneten dharmas. Alle dharmas, die durch die Übungen der Sammlung und der Weisheit erfahren werden, haben ihren Ausgangspunkt in dieser, der ersten Übung. Während die Essenz der Übung der Höchsten Tugend in den zehn Regeln der Enthaltung-von-Ungeeignetem enthalten ist, lassen sich außerdem noch viele weitere Regeln nennen, von denen uns hier jedoch drei genügen sollen:

Prātimokṣa-Regeln
Bodhisattva-Regeln
Vajrayāna-Regeln } siehe unten

Alle anderen Gruppen von Regeln sind im Rahmen dieser drei Klassen miteinbeschlossen. Doch zuerst wollen wir die Grund-Regeln beschreiben, das heißt, die zehn Regeln, die sich mit der Enthaltung von Ungeeignetem befassen. Wenn diese Regeln im Herzen eines Menschen fest verankert sind, so kann er sich sogar in dem Augenblick überwachen, da eine ungeeignete Neigung in ihm entsteht.

Zehn Regeln der Enthaltung-von-Ungeeignetem (daśa-akuśala-prativirati-śīla)

Die zehn Regeln dieses Teils sind in drei Klassen aufgeteilt, je nachdem, ob die Handlung, die gegen sie verstößt, durch den Körper, die Rede oder den Geist vollzogen wird. Der durch den Körper vollzogenen ungeeigneten Handlungen sind es drei, der durch die Rede vollzogenen vier, und die restlichen drei werden durch den Geist verübt.

Diese ungeeigneten Handlungen – oder karma[42], wie sie genannt werden – kann man zu den Karma-Pfaden zählen. Ohne Zweifel sind jene ungeeigneten dharmas als Karma-Pfade zu bezeichnen, die zu den Zuständen des Jammers führen[43]. Ein karma, das zu den Karma-Pfaden zu zählen ist, muß die potentielle Kraft besitzen, den, der sie beschreitet, in ein Wiedererscheinen oder eine Geburt als Geist, Tier oder

Höllenwesen zu drängen. Um sicher zu sein, ob ein karma solch eine potentielle Kraft in sich trägt oder nicht, müssen wir die in ihm enthaltenen Faktoren untersuchen, und wenn diese (wie unten dargestellt) vollzählig vorhanden sind, kann man sicher sein, daß es sich um einen Karma-Pfad handelt. Jedes der zehn unten genannten Vergehen hat fünf Faktoren, die es vervollständigen[44]. Zurückhaltung in bezug auf Körper, Rede und Geist sichert uns gegen solche Vergehen ab.

1. Enthaltung gegenüber der Zerstörung von Leben

   a) Der erste Faktor des Verstoßes gegen diese Regel ist ein anderes lebendes Wesen. Dieses Wesen, das zerstört wird, nennt man das *Objekt.*
   b) Es muß die *Absicht* vorhanden sein, zu töten, und das Wissen, daß Leben da ist.
   c) Außerdem muß die Anstrengung aufgebracht werden, die man unternimmt, um zu töten, oder aber die Aufforderung an andere, zu töten, sei es mit Gift, Waffen, schwarzer Magie oder anderem.
   d) Um das Töten zu vollziehen, bedarf es bestimmter Aspekte der *geistigen Verdunkelungen* wie Gier, Abneigung oder Täuschung. Im vorliegenden Fall wird zumeist Abneigung die Hauptverdunkelung sein.
   e) Der letzte Faktor ist die *Ausführung* des Tötens an einem lebenden Wesen, bevor der Mörder stirbt.

Nur wenn alle fünf dieser Faktoren vorhanden sind, wird das Töten als Karma-Pfad betrachtet, in anderen Fällen kann es sich um einen Unfall oder vielleicht um unachtsames Verhalten handeln, die allerdings auch zu schmerzhaften Konsequenzen führen.

Die Intensität des verübten Bösen und damit das angesammelte Karma variieren mit der Art und Weise, wie es verübt wurde, mit dem jeweiligen Motiv und mit dem Maße, in dem man vom Leben benachteiligt ist. Grundsätzlich wird das Töten Motiven entspringen, die auf einer der drei Wurzeln des Ungeeigneten beruhen. So kann das Töten unternommen werden aus dem Verlangen, das Fleisch eines Tieres zu essen, und wenn das der Fall ist, so wird es aufgrund der vorherrschenden Wurzel der Gier verübt. In anderen Fällen ist das Motiv des Tötens Zorn oder Rache etc., und in diesem Fall ist die Wurzel der Abneigung vorherrschend. Wenn das Töten aus falschem Glauben geschieht – wie etwa das Opfern von Tieren –, so ist die vorherrschende Wurzel die Täuschung[45]. Als schwerstes Vergehen wird das Töten eines religiösen Lehrers, der Mutter, des Vaters, eines Heiligen (arhat) oder einer anderen religiösen Person, sei sie Wanderer oder seßhaft, angesehen.

2. Enthaltung gegenüber dem Nehmen dessen, was nicht gegeben wurde

 a) Das Objekt ist der Reichtum oder Besitz anderer oder das, was den Drei Kostbarkeiten (Buddha, Dharma, Saṃgha) gewidmet ist.
 b) Die Absicht rührt von dem Verlangen her, sich diesen Besitz oder Reichtum anzueignen – mittels gewaltsamen Raubes, heimlicher Beseitigung oder auch durch betrügerischen Handel.
 c) Die unternommene Anstrengung geht von einem selbst aus oder besteht im Anstiften anderer, wegzunehmen, was nicht gegeben wurde.

d) Alle drei Wurzeln der geistigen Verdunkelungen können beteiligt sein, doch wird zumeist die Gier vorherrschen.
e) Die Ausführung beruht auf der Befriedigung des Diebes, die von seinem Besitz der gestohlenen Dinge herrührt, ob sie ihren Platz verlassen haben oder nicht.

Das zu nehmen, was nicht gegeben wurde, kann auf dreierlei Weise ausgeführt werden: durch Gewaltanwendung gegenüber einer waffenlosen Person, durch Einbruch oder betrügerische Beseitigung dessen, was man haben möchte, oder letztlich durch verschiedene Arten von Betrügereien und unehrlichem Handel. Unter all den verschiedenen Wegen, auf denen gegen diese Regel verstoßen werden kann, wiegt am schwersten das Rauben dessen, was den Drei Kostbarkeiten gewidmet ist.

3. Enthaltung gegenüber falschem Verhalten in sexuellem Verlangen

a) Das Objekt ist ein Angehöriger des anderen Geschlechts, mit dem man nicht verkehren darf, wie etwa eines anderen Frau oder Ehemann, eine Frau oder ein Mann in der Obhut der Eltern oder des Vormundes oder eine Person des anderen Geschlechts, die sich einer religiösen Lebensform untergeordnet hat, die das Zölibat verlangt. Ein Angehöriger einer Familie, die mit der eigenen Familie in den letzten sieben Generationen verbunden war, zählt ebenfalls zu den Objekten. Unter Umständen kann selbst der sexuelle Verkehr mit dem eigenen Ehepartner einen Verstoß gegen diese Regel bedeuten, so etwa, wenn er in der Nähe von Schreinen oder Tempeln vollzogen wird oder zur falschen Zeit wie am Fasten-Tag[46], unter unpassenden Umständen wie etwa während des Tages, während der monatlichen Menstruation oder wenn die Frau schwanger ist, und letztlich durch verschiedene Arten unnatürlichen Vollzugs durch andere Körperöffnungen als die Vagina.

b) Der zweite Faktor ist die Absicht einer Frau oder eines Mannes, den sexuellen Akt zu vollziehen.

c) Dann muß die Anstrengung unternommen werden, dies auszuführen.

d) Unter den verschiedenen geistigen Verdunkelungen ist Gier die vorherrschende Wurzel, wobei auch die anderen beiden (Abneigung und Täuschung) beteiligt sein können.

e) Die Ausführung besteht in der lustvollen Hingabe an die Empfindung, die dem Kontakt der Geschlechtsorgane entspringt. Unter den verschiedenen Arten sexuellen Fehlverhaltens wiegt am schwersten der Inzest.

4. Enthaltung gegenüber falscher Rede

a) Hier ist das Objekt ein anderes menschliches Wesen, denn es muß jemand da sein, zu dem falsch geredet wird beziehungsweise über den geredet wird.

b) Die Absicht ist die, die Wahrheit zu verdrehen, wie z. B. wenn jemand, der etwas nicht gesehen hat, auf die Frage danach antwortet: »Ja, ich sah . . .«

c) Die Anstrengung wird durch die Rede oder durch körperliche Handlungen unternommen, wobei erwägende Gedanken vorangegangen sind.

d) Was die geistigen Verdunkelungen betrifft, so kann jede der drei Wurzeln die vorherrschende sein.
e) Die Ausführung ist dann gegeben, wenn das, was unternommen wurde, um andere etwas Unwahres glauben zu machen, mittels der Kommunikation durch Rede oder Körper in der Weise durchgeführt wurde, die der Lügner beabsichtigte. Die Äußerung der Unwahrheit durch Worte kann durch körperliche Aktionen variiert werden, welche die weitergegebene Unwahrheit begleiten.

Drei Gruppen von Verstößen können hier unterschieden werden: die Art von Unwahrheit, die über uttaramanuṣyadharma ausgesprochen wird – das heißt Behauptungen aufzustellen über Zustände übermenschlicher Erfahrungen[47], die man nicht tatsächlich erlangt hat, obwohl man andere davon zu überzeugen sucht, daß dem so sei. Diese nennt man die Gruppe, die zum Untergang führt (in niedere Geburt in den Bereichen des Jammers im zukünftigen Leben). Zweitens kommt die Lüge, die zum Zweck des eigenen Wohlergehens und des Unterganges anderer ausgesprochen wird und die man die »große Falschheit« nennt. Die letzte ist die Lüge, die weder einem selbst Wohlergehen noch den anderen Schaden bringt, während aber der Wunsch dazu vorhanden ist (vielleicht im Scherz etc.), und diese nennt man die »kleine Falschheit«. Von allen Arten möglicher Lügen ist die übelste die, wenn man schlecht von Buddha spricht; aber auch die Täuschung von Vater, Mutter und Lehrern ist sehr schwerwiegend.

5. Enthaltung gegenüber verleumderischer Rede

a) Als Objekt bedarf es zweier Personen, die Freunde sind.
b) Die Absicht äußert sich im Verlangen, diese Freundschaft zu zerstören.
c) Die Anstrengung besteht in dem Versuch, Uneinigkeit zu stiften.
d) Alle drei Wurzeln des Ungeeigneten können beteiligt sein, aber die Wurzel der Abneigung ist zumeist die vorherrschende.
e) Der Verstoß gegen diese Regel ist ausgeführt, wenn die Bedeutung der zur Verleumdung benützten Worte von der anderen Partei verstanden wurde. Die Bemühung, die Versöhnung verfeindeter Parteien zu verhindern, fällt ebenfalls in den Bereich dieser Regel.

Verleumdung kann in dreierlei Weise ausgeführt werden: Die erste Kategorie ist die, wenn eindringliche Äußerungen benützt werden und die Angelegenheit offen und nicht im geheimen besprochen wird, etwa unter der Vorspiegelung echter Freundschaft. Verleumdung der zweiten Art liegt vor, wenn der einen Seite die Worte der anderen hinterbracht werden und umgekehrt und damit der Zwist unterstützt wird. Schließlich kann man noch im geheimen und in indirekter Weise verleumden, indem man die Rede anderer benützt. Die übelste Art von Verleumdung ist die, wenn die Beziehung zwischen einem religiösen Lehrer und seinem Schüler zerbrochen wird, oder auch, wenn die Einheit eines Saṃgha (Gemeinschaft buddhistischer Mönche und Nonnen) zerstört wird.

6. Enthaltung gegenüber grober Rede

a) Als Objekt muß eine Person da sein, zu der man in grober Weise spricht.
b) Man hat sich bereits zu grober Rede entschlossen, und damit ist die Absicht gegeben.
c) Dann kommt die Anstrengung zur Rede von groben Worten.
d) Während alle drei Arten von geistigen Verdunkelungen beteiligt sein können, ist meist die Wurzel der Abneigung vorherrschend.
e) Zuletzt liegt die Ausführung darin, daß die groben Worte ausgesprochen werden.

Es gibt wiederum drei Arten von grober Rede: Die erste ist die, wenn man in grober Weise von Angesicht zu Angesicht spricht, so daß die Person, an die es sich richtet, gedemütigt wird. Zweitens können grobe Worte indirekt an andere gerichtet werden, wodurch der, an den die Worte adressiert sind, verletzt wird. Die indirekte Form grober Rede ist gegeben, wenn man beim Freund der Person, die man verletzen möchte, klatscht. Das kann auch per Brief geschehen. Unter den verschiedenen Möglichkeiten grober Rede wiegt jene am schwersten, die sich gegen einen Arya (einen heiligen Mann) oder gegen Mutter und Vater richtet.

7. Enthaltung gegenüber dummem Geschwätz

a) Wie oben ist das Objekt eine andere Person.
b) Die Absicht äußert sich darin, daß man aus Unachtsamkeit bereit ist, dummes Geschwätz zu verbreiten.

c) Die Anstrengung ist gegeben, wenn man beginnt, müßige Geschichten herumzuschwatzen und nichtsnutzige Lieder zu singen.
d) Während alle drei ungeeigneten Wurzeln beteiligt sein können, wird zumeist die Täuschung die vorherrschende Verdunkelung sein.
e) Die Ausführung ist vollzogen, wenn Reden, die der Kommunikation nicht wert sind, den Mund verlassen.

Es gibt drei Arten dummen Geschwätzes: unwahren Unsinn im Zusammenhang mit Gebeten zu Göttern, mit Legenden, religiösen Mythen und Geschichten von Wundern; der weltliche Unsinn umfaßt Geklatsche und nichtsnutzige Geschichten und Späße; unter wahrem Unsinn dagegen versteht man die Belehrung einer Person über den Dharma, die noch nicht bereit ist, ihn zu begreifen. Unter all den Formen dummen Geschwätzes wiegt am schwersten die, welche zur geistigen Verwirrung eines Menschen führt, der den Dharma verehrt.

8. Enthaltung gegenüber der Habgier

a) Das Objekt ist hier das bewegliche oder unbewegliche Eigentum anderer.
b) Die Absicht liegt darin, das Verlangen zu hegen, des anderen Eigentum oder Geld zu besitzen.
c) Die Anstrengung besteht darin, hin- und herzuüberlegen, wie man an des anderen Eigentum herankommen könne.
d) Von den drei ungeeigneten Wurzeln ist Gier die vorherrschende, doch können auch die anderen beteiligt sein.

e) Die Ausführung ist gegeben, wenn diese Überlegungen zu völligem Abhandenkommen der Scham und der Furcht vor dem Tadel anderer geführt hat.

Die Habgier hat drei Varianten: die gegenüber dem Besitz in der eigenen Familie, die gegenüber dem Eigentum anderer und die gegenüber Dingen, die niemandem gehören. Unter den möglichen Arten von Habgier wiegt am schwersten das Verlangen nach den Gütern, die rechtlicher Besitz des bhikṣusaṃgha sind.

9. Enthaltung gegenüber dem Übelwollen

a) Jedes Wesen, außer man selbst, kann das Objekt sein.
b) Die Absicht besteht in dem Wunsch, andere zu töten, zu schlagen oder zu zerstören.
c) Die Anstrengung besteht darin, zu planen, wie die Schädigung oder der Untergang anderer durchgeführt werden könne.
d) Während alle ungeeigneten Wurzeln als Verdunkelungen wirken können, ist die Wurzel der Abneigung die vorherrschende.
e) Die Ausführung ist gegeben, wenn man einen Vorzug darin sieht, andere zu töten, zu schlagen oder zu zerstören und sich nicht länger um den entgegengesetzten Pfad des Wohlwollens und des Mitleids kümmert.

Übelwollen kann in drei Kategorien aufgeteilt werden: erstens die Gedanken, die sich mit dem Töten anderer befassen und die voller Haß und Bösartigkeit sind. Dann die Überlegung, wie man einander aus Rivalität Schaden zufügen könne. Zuletzt kommt das Aufrechterhalten von Feindseligkeit gegenüber einem anderen, der eine Verfehlung begangen hat, sich aber danach entschuldigte. Der am schwersten wiegende Fall von Übelwollen zeigt sich bei jenen, die sich mit dem Gedanken an die »direkten« Verbrechen[48] des Mutter- und Vatermordes, mit dem Töten eines Arhat, mit dem Vergießen des Blutes eines Buddha und mit dem Verursachen einer Spaltung des Saṃgha befassen.

10. Enthaltung gegenüber falschen Anschauungen

a) Objekt sind die geeigneten oder ungeeigneten dharmas im Geist.
b) Die Absicht liegt hier darin, sich der Ursache-Wirkung-Erkenntnis zu widersetzen mit Gedanken wie etwa: »Es gibt keine geeigneten dharmas und es gibt keine ungeeigneten dharmas«, oder »es gibt keine Früchte, weder der geeigneten noch der ungeeigneten dharmas«.
c) Die Anstrengung wird unternommen, indem man sich immer und immer wieder zu bestätigen sucht, daß es weder geeignete noch ungeeignete dharmas gäbe und sie keinerlei Früchte hätten.
d) Im allgemeinen ist die Täuschung die stärkste unter den Verdunkelungen.
e) Wenn man überzeugt ist von der Nicht-Existenz des Geeigneten und des Ungeeigneten und ihrer Früchte und so in falsche Anschauungen verstrickt ist, ohne ihnen eine richtige Anschauung (oder das richtige Verstehen) entgegensetzen zu können, so ist die Ausführung gegeben.

Man kann drei Klassen falscher Anschauungen unterscheiden: erstens die, welche erklärt, es existiere kein Karma, keine geeigneten oder ungeeigneten dharmas und keine Folgen des Karma-Glücks und -Leidens, die ohne Ursache entstünden. Auf diese Weise wird das Gesetz der Verursachung untergraben[49]. Zweitens gibt es die falsche Anschauung, die erklärt, daß, selbst wenn es einen Pfad der Übung gibt und man diese Übungen ausführt (in buddhistischer Terminologie die Praxis der Pfad-Wahrheit), keine Verwirklichung (des Stillstandes von duhkha oder nirodhasatya) erreicht wird, womit die Vier Edlen Wahrheiten untergraben werden. Die dritte falsche Anschauung ist die Behauptung, daß es keinen Buddha gäbe beziehungsweise kein Wesen, das die Erleuchtung durch eigene Anstrengung erlangte, so daß es auch keinen Dharma geben könne und ein Saṃgha (der nach der Erleuchtung strebt) sinnlos sei, was eine zutiefst zerstörerische Kritik an den Drei Kostbarkeiten bedeutet. Von den verschiedenen Arten ungeeigneter geistiger karmas ist die letztgenannte die am schwersten wiegende.

Das Einhalten dieser zehn Regeln, das einen vor den zehn ungeeigneten karmas bewahrt, heißt »Beachten der Regeln der Enthaltung-gegenüber-dem-Ungeeigneten«, deren Aufzählung hiermit abgeschlossen ist.

»Prātimokṣa« (Pali: Pātimokka) ist eine Wortverbindung, deren erster Teil, »prati«, die Bedeutung von »loswerden« hat, das heißt, weltliches duhkha loszuwerden und jene, welche die Regeln befolgen, zu ṃokṣa oder Freiheit des Nirvāṇa zu führen.

Nun befolgt man aber diese Regeln nicht aus dem Verlangen nach Schutz noch aus Angst oder aus Verlangen nach weltlichem Ruhm und auch nicht, um das Glück in einer anderen Welt zu sichern; viel eher sind Unabhängigkeit von der gesamten Welt und das starke Verlangen nach Freiheit und Frieden der Grund, denn ihr Befolgen steht im unlösbaren Zusammenhang mit dem Entschluß zum Nicht-Verletzen anderer. Daher werden sie die Prātimokṣa-Regeln genannt.

Wie es acht Klassen von Menschen gibt, die diese Regeln befolgen[50], so gibt es auch acht Arten dieser Regeln:

Die Regeln, die an den Tagen der Mond-Beobachtung eingehalten werden;
die Regeln der männlichen Laien;
die Regeln der weiblichen Laien;
die Regeln der männlichen Novizen;
die Regeln der weiblichen Novizen;
die Regeln der weiblichen Eingekleideten;
die Regeln der voll-ordinierten Mönche;
die Regeln der voll-ordinierten Nonnen.

Die Regeln werden auch »die Regeln der Zucht« genannt, und darum bezeichnet man die Regeln aller Klassen von Personen gemeinsam als die acht-personige Prātimokṣa-Zucht.

Von diesen acht Arten von Prātimokṣa-Regeln ist nur die

erste zeitlich begrenzt, insofern, als sie nur für einen Tag und eine Nacht eingehalten und dann wieder aufgegeben werden und der Laie zum Befolgen der Fünf Regeln zurückkehrt. Die Regeln der anderen sieben Klassen werden das ganze Leben lang, bis zum Tode, eingehalten.

Für jene, die sich in bestimmten Klassen der Prātimokṣa-Regeln festigen wollen, gibt es eine Reihe von Hindernissen, so daß der, der sich ihnen unterziehen möchte, frei von folgendem sein sollte:

1. Vom Mord an Mutter oder Vater oder einem Arhat, von der Verwundung eines Buddha oder davon, eine Spaltung innerhalb des Saṃgha verursacht zu haben – die fünf Vergehen, die als »direktes Karma« bezeichnet werden und ein Hindernis für das *Entstehen* der Zucht sind.
2. Wenn man nicht die Erlaubnis des Herrschers (falls erforderlich) oder von Mutter und Vater (wenn man in die Heimatlosigkeit ziehen will) erhalten hat – so sind dies die Hindernisse für die *Festigung* der Zucht.
3. Außerordentliche Jugend, die so umschrieben wird: »Nicht fähig sein, Krähen wegzuscheuchen«, ist ein Hindernis für die *Entwicklung* der Zucht.
4. Es können körperliche Defekte und Besonderheiten ein Hindernis für die *Übung* der Zucht sein.

Man sollte sich klar darüber sein, daß die Geburt kein Hindernis ist, so daß man, ob in hoher oder niedriger, reicher oder armer Familie geboren, diese Regeln ohne weiteres befolgen kann. Alle, die frei sind von den obengenannten Fehlern, sollten eine Gruppe dieser Regeln – entsprechend der persönlichen Befähigung und Möglichkeit – befolgen.

Der Weg, um die noch nicht vervollkommnete Zucht zu erlangen, ist zweifach: indem man eine große Anstrengung unternimmt oder mittels nur geringer Anstrengung.

Die folgenden Faktoren helfen beim Aufrechterhalten der bereits vervollkommneten Zucht: 1. Verbindung mit guten Freunden (erfahrenen Lehrern oder geübten Kameraden); 2. das Denken rein und frei von Verdunkelungen halten; 3. die Reinheit der Regeln aufrechterhalten, indem man die Verdunkelungen erkennt, die gegen sie arbeiten; 4. Reinigung, die aus dem Studium erwächst und 5. sich der materiellen Ursachen des Glücks immer bewußt bleiben.

Diese fünf werden folgendermaßen erklärt: Die erste bedeutet, daß man die Zucht dadurch unterstützen kann, daß man die Nähe rechtschaffener bhikṣus guten Charakters sucht oder indem man den Gesprächen weiser und gelehrter Menschen lauscht[51]. Reines Denken beinhaltet, daß man erkennt, welche dharmas getilgt und welche entwickelt werden sollen, indem man sehr eifrig dieses Unterscheiden lernt. Man sollte dazu sein geistig-emotionales Kontinuum (das wir citta nennen) mit Hilfe der Achtsamkeit und des klaren Denkens analysieren. Wenn man sich also an seine verehrungswürdigen Lehrer erinnert und bedenkt, wie sie ungeeignetes Verhalten mißbilligen würden, so entwickelt man Scham und Furcht vor Tadel. Ist man in diesen Tugenden recht gefestigt, so ist man fähig, die Regeln einzuhalten.

Der dritte Faktor, »das Erkennen der dharmas im Gegensatz«, bedeutet, daß man das Wissen um die Ursachen, die zum Zusammenbruch des geistigen Glücks führen, erwerben soll. Wenn man diese Ursachen dann genau kennt, sollte man die aufgeben, die zum Untergang führen (die geistigen Verdunkelungen), jene anderen dagegen bewußt pflegen, welche die Zucht unterstützen. Dies kann geschehen, indem man Vorträge über den Dharma anhört, über sie nachsinnt und indem man die verschiedenen Lehren des Dharma und der Disziplin praktiziert.

Studieren bedeutet hier, daß man besonders bei drei Gelegenheiten die Übung vertiefen sollte: am Upavasatha-Tag (an dem das Prātimokṣa gesungen wird und Dharma-Vorträge gehalten werden), im Varsāvāsa (den drei Monaten des Großen Regens, während derer die buddhistische Praxis in besonders intensiver Form geübt wird) und am Pravāraṇā-Tag (der Tag, mit dem der Große Regen endet und an dem die bhikṣus einander zu gegenseitiger Kritik auffordern und an dem besondere Belehrungen gegeben werden).

Materielle Ursachen des Glücks sind die vier Erfordernisse des Lebens: Kleidung, Nahrung, Wohnung und ärztliche Hilfe, und wenn der Gebrauch dieser Dinge geistige Verdunkelungen entstehen läßt, die zum Untergang führen, so sollte man sich ihrer enthalten. Durch überlegten und zurückhaltenden Gebrauch dieser vier Erfordernisse hingegen kann man das moralische Verhalten festigen.

Es gibt vier Faktoren, die den Menschen zu ungeeigneten Handlungen verleiten:

Unwissenheit,
Mißachtung der Lehre,
Unachtsamkeit,
Verhaftung an geistige Unreinheiten.

Diese vier werden die Pforten zum Untergang genannt, und es ist die Pflicht derer, die ihre Regeln befolgen wollen, sich von ihnen loszusagen. Man sollte auf seine Regeln achten wie auf seine Augen. Außerdem ist es nötig, die vier geeigneten Gegen-Faktoren zu diesen Pforten des Untergangs zu entwickeln:

Weisheit,
Vertrauen,
Achtsamkeit,
und die Zerstörung der Unreinheiten.

So ist leicht zu verstehen, daß die Regeln der Prātimokṣa-Zucht einander ähnlich sind, ob man nun dem Theravāda oder dem Mahāyāna folgt. *Es ist wichtig, hervorzuheben, daß in beiden Zweigen des Buddhadharma großer Nachdruck auf die genaue Ausübung der Prātimokṣa-Zucht gelegt wird.*

Die Bodhisattva- und Vajrayāna-Regeln

Die Bodhisattva-Regeln und die des Vajrayāna sind eine Besonderheit des Mahāyāna. Wenn man die Regeln der Bodhisattva-Zucht befolgen will, so hat man sich vor den achtzehn Vergehen, die zum Untergang führen, und vor den sechsundvierzig Arten des Fehlverhaltens zu hüten. Wenn man den Regeln des Vajrayāna oder Diamant-Fahrzeugs folgt, so muß man sich vor den vierzehn Wurzel-Ursachen des Untergangs und vor den acht schwerwiegenden Übeln in acht nehmen, zusammen mit der Pflege des besonderen und üblichen Verhaltens der »Fünf Familien« und noch anderen Arten des Verhaltens. Da es Bodhisattva- und Vajrayāna-Regeln mit ihren Einteilungen und Methoden der Ausübung in überaus großer Anzahl gibt, wurden sie hier in diesem einführenden Buch unberücksichtigt gelassen.

Damit ist die Beschreibung der Übung der Höchsten Tugend beendet.

II

DIE ÜBUNG DER HÖCHSTEN SAMMLUNG
(adhisamādhi-śikṣa)

Nachdem wir die Übung der Höchsten Tugend ausgeführt haben, kommen wir nun zur Beschreibung der zweiten Übung, welche die Sammlung (samādhi) betrifft. Wir haben die Tugend zuerst behandelt, weil nur jemand, der sich in der Tugend geübt hat, die Übung der Sammlung durchführen kann. Üblicherweise verweilt der Geist (citta)[52] nicht lange in der Fixierung auf ein Objekt, da er hierhin und dorthin flakkert und in die Objekte der verschiedenen Sinnesbereiche verklammert ist; doch mittels dieser Übung kann man ihn zur Konzentration auf einen Punkt oder zur vollkommenen Konzentration hinführen. Wenn der Geist auf ein geeignetes Objekt konzentriert ist und sich darin nicht stören läßt, dann wird dieses Auf-einen-Punkt-gerichtet-sein »samādhi« genannt.

Samādhi oder Sammlung[53] kann in verschiedene Ebenen der geistigen Versenkung zerlegt werden. Diesen voraus geht die Vorstufe zur Sammlung, auf welcher die fünf Hindernisse (nivāraṇa)[54], die üblicherweise in den niederen Bereichen des Verlangens entstehen, eingeschränkt werden; doch wenn die Faktoren der Versenkung entstehen, ist dies die Ebene des Erlangens der Sammlung. Die Sammlung hat zweierlei Arten, eine weltliche und eine transzendentale. Die weltliche Variante hat ebenfalls zwei Arten: den Bereich der Form und den Bereich der Nicht-Form betreffend, und innerhalb dieser zwei Bereiche gibt es acht Ebenen – in jedem vier. Wenn man durch korrekte Übung die Versenkungen sowohl der Form wie auch der Nicht-Form erreicht hat, dann wird dies die

Vollkommenheit der Sammlung genannt (samādhi-paramitā).

Wie wir oben feststellten, wird die Sammlung in weltliche und transzendentale eingeteilt. Hier versteht man unter »Welt« die drei Welt-Elemente (loka-dhātu), in welchen alle lebenden Wesen zu finden sind[55]. Diese weltliche Sammlung ist die, welche weltliche Objekte hat und weltliche Erfolge anstrebt, wie etwa Ruhe und Glück in diesem Leben und in den folgenden, und welche himmlische Geburten ermöglicht (dieErfahrung des »Himmels«, des »Paradieses« etc.). Nicht-weltlich oder transzendental bedeutet, daß diese Art des Samādhi auf die Befreiung gerichtet ist, wobei seine Objekte Wesen-losigkeit und Nicht-Selbst-Seele sind. Um weltliche oder transzendentale Versenkungen zu erreichen, sollte man zuerst Stille und Einsicht entwickeln. *Obwohl es am Anfang so scheint, als entwickle man diese Aspekte der Sammlung getrennt voneinander, muß man doch schließlich die Sammlung entwickeln, in der sie miteinander verbunden sind*[56]. Der Aspekt der Sammlung, der das Flackern des Geistes beruhigt, wird »Stille« genannt, während die Weisheit, welche die drei Kennzeichen (der Existenz) durchdringt – Vergänglichkeit, Unbefriedigtsein und Nicht-Selbst-Seele – als »Einsicht« (vipaśyanā, wörtlich: Tief-Einsicht) bezeichnet wird.

In der Reihenfolge, in der die Entwicklung vollzogen wird, kommt zuerst die Stille (samatha) und dann die Einsicht (vipaśyanā), gemeinsam auch als geistige Entwicklung (bhāvanā) bezeichnet, wobei das sorgfältige Prüfen mitinbegriffen ist. Wenn der Geist in der Stille wohlverankert ist, so wird die Entwicklung möglich sein, welche die Prüfung beinhaltet, die ihrerseits wiederum die Einsicht mit sich bringt. Samatha ist der stille und heitere See, in dem der Fisch (die Fähigkeit zur tiefen Einsicht) sich im Prüfen tummelt. Das ist darum so, weil der Geist zu dieser Zeit fest auf sein Objekt gerichtet ist und nicht leicht gestört werden kann[57]. Dieses Stadium ist sehr wichtig, und das geeignete Karma, das dabei angesammelt wird, ist sehr kraftvoll und trägt große Früchte.

Diese Entwicklung der Stille hat fünf Hindernisse[58], welche die Quellen der Störung sind und im Gegensatz zur Ruhe stehen. Diese sind:

1. geistige Trägheit, aus der Entmutigung erwächst, so daß der Geist nicht weiter an der Übung der Sammlung interessiert ist. Dem steht der geistige Faktor der »Entschlossenheit« entgegen.
2. Mangel an Achtsamkeit im Streben nach der Sammlung, denn wenn diese geübt wird, muß sie von ständiger Achtsamkeit begleitet sein, um zu gewährleisten, daß der Geist sich in der Konzentration auf sein Objekt festigt. Durch Mangel an Achtsamkeit entschwindet das Objekt der Sammlung aus dem Geist. Dieser Faktor steht darum im Gegensatz zur vollkommenen (oder rechten) Achtsamkeit.
3. Als nächste kommen das Absinken und die Zerstreuung des Geistes. »Absinken« bedeutet, daß der Geist versinkt, ohne seines Objektes mehr gewahr zu sein, ein Zustand, der weiteren Fortschritt verhindert. Es ist unbedingt nötig, während der Meditation auf das Objekt zu achten, ohne darin zu versinken. »Zerstreuung« ist eine Form des geistigen Flackerns, aufgrund dessen der Geist nicht in der Betrachtung seines Objektes verharren kann. Diesem Paar von Hindernissen wirkt der klare Verstand entgegen.
4. Verbindung mit dem obengenannten Paar von Behinderungen zählt selbst als ein Hindernis der Sammlung. In

diesem Fall weiß man, daß der Geist vom Absinken und der Zerstreuung überwältigt ist, aber man unternimmt keine Anstrengung, um die Faktoren zu entwickeln, die dem entgegenwirken und fähig sind, den Geist zu heilen.

5. Es geschieht manchmal, wenn man diese Anstrengung unternommen und die entgegenwirkenden Faktoren geschaffen hat, daß man sie zu einer Zeit einsetzt, wo sie gar nicht gebraucht werden (saṃskārasevanā: Nicht-Verbindung). Das ist eine unwissende Art des Übens und zeigt, daß der Geist nicht völlig wach oder auf sein Objekt gerichtet ist.

Es ist unmöglich, die Vollkommenheit der Sammlung zu erreichen, wenn man diese fünf hemmenden Faktoren nicht beseitigt. Um den Geist darin zu üben, diese fünf zu entfernen, gibt es acht dharmas, die ihnen entgegenwirken:

1. Vertrauen (śraddhā) 2. Entschlossenheit (chanda) 3. Beharrlichkeit (vīrya) 4. Ruhe (praśrabdhi)	gegen geistige Trägheit
5. Achtsamkeit (smṛti)	gegen Mangel an Achtsamkeit
6. Verständnis (samprajanya)	gegen Absinken und Zerstreuung
7. Prüfung (saṃskāracintanā)	gegen Verbindung mit Obenstehenden
8. Gleichmut (adhivāsana)	gegen Nicht-Bindung

Die Stille sollte durch das Gedeihen dieser acht Qualitäten entwickelt werden.

Wir werden nun die neun Stadien des Geistes, die sechs Kräfte und die vier geistigen Aktivitäten besprechen und wie mit ihrer Hilfe die Sammlung erlangt werden kann.

Die neun Stadien des Geistes

1. Cittasthāpana. Dies ist das Stadium, in dem der Geist zum erstenmal unbeeinflußbar wird durch äußere Objekte und sich auf das Meditationsobjekt ausrichtet.
2. Cittapravāhasaṃsthāpa ist die Festigung des geistigen Stroms, was bedeutet, daß der Geist für einige Zeit auf das Objekt gerichtet bleibt, indem er gezwungen wird, wieder und wieder das Objekt der Konzentration zu vergegenwärtigen.
3. Cittapratiharaṇa ist das Stadium, wenn man den Geist, so er gestört wird, zum Konzentrationsobjekt »zurückbringt«.
4. Cittapasthāpana ist das Stadium, in dem der Geist erweitert ist, während er sich zugleich auf sein Objekt beschränkt.
5. Cittadamana – »Geist-Zähmung« geschieht, indem man die negativen Folgen der ablenkenden Gedanken und der Unreinheiten sieht und die Vorteile der Sammlung erkennt, so daß man sich der Mühe unterzieht, die ersteren zu beseitigen und den Geist in den letzteren zu festigen.
6. Cittaśamana – »Geist-Beruhigung« ist das Stadium, in dem

widerstrebende Gefühle gegenüber der Sammlung beschwichtigt werden. Wenn Langeweile gegenüber der Sammlung entsteht, da der Geist noch hungrig nach Sinnes-Objekten ist, dann wird er in diesem Stadium gründlich beruhigt.

7. Cittavyupaśamana bedeutet die feine Beruhigung des Geistes. Selbst die feinsten Verdunkelungen des Geistes werden hier beseitigt.
8. Cittaikoṭikaraṇa. Hier wird der Geist wie zu einem ungestörten Strom und verweilt in seinem Gerichtetsein-auf-einen-Punkt.
9. Samādhāna. Wenn dieses Stadium erreicht ist, besteht keine Notwendigkeit mehr zu Anstrengungen, da der Geist in aller Natürlichkeit auf einen Punkt gerichtet ist.

Die sechs Kräfte

1. Śrutibala: Einem Lehrer oder jemandem, der aus Büchern über die Methoden der Ausrichtung des Geistes liest, zuzuhören, ist die erste Kraft.
2. Āśayabala: Durch die Kraft wiederholten Nachdenkens festigt man den Geist auf dem Weg der Sammlung.
3. Smṛtibala: Wenn der Geist durch ein anderes Objekt gestört wird, kann er durch die Kraft der Achtsamkeit zur Meditation zurückgeführt und darin gefestigt werden.
4. Samprajanyabala: Mittels dieser Kraft des klaren Verständnisses erkennt man die üblen Auswirkungen der geistigen Verdunkelungen und die geeigneten Früchte, die

der Sammlung entspringen, wodurch der Wunsch nach letzteren angeregt wird.

5. Vīryabala: Diese Art der geeigneten Energie gewährleistet, daß der Geist nicht von den Verdunkelungen beeinflußt wird.

6. Paricāyabala: Natürliche und gründliche Bekanntschaft des Geistes mit der Sammlung, welche eine verstärkte Anwendung der Achtsamkeit und des klaren Verstehens überflüssig macht.

Die vier geistigen Aktivitäten

1. Manoniveśapravartak-manaskāra. Dank dieser Aktivität verbindet sich der Geist mit seinem Objekt.
2. Vicchinnapravartak-manaskāra. Obwohl der Geist am Anfang für einige Zeit in der Konzentration verbleiben mag, wird immer wieder durch die Hindernisse des Absinkens, der Zerstreuung etc. Verwirrung geschaffen. Diese zweite Aktivität bringt den Geist zu seinem Objekt zurück.
3. Avicchinnapravartak-manakāra. Durch diese Aktivität wird der Geist für einen längeren Zeitabschnitt an sein Objekt gebunden und läßt somit keine Möglichkeit für Verwirrungen zu.

\yatanapravartak-manaskāra. Wenn alle Behinderungen 'r Sammlung beseitigt sind, wird durch diese Aktivität r Geist mühelos bei seinem Objekt gehalten.

Der stufenweise Fortschritt in der Sammlung[59]

Nachdem wir eine Ausführung über die verschiedenen Faktoren gegeben haben, die mit der Annäherung an die Sammlung verbunden sind, ist unser nächstes Thema der Fortschritt durch die neun Stadien des Geistes und die Hindernisse, auf die er dabei trifft, und wie die verschiedenen Kräfte und geistigen Aktivitäten gegen sie eingesetzt werden.

Wie oben bemerkt, besteht die *erste Kraft* darin, die Lehren zu hören und den Geist über die Objekte der Konzentration zu belehren. Wer diese Lehren gehört hat und nach der Erfahrung der Sammlung verlangt, wird seinem Geist nicht erlauben, zu äußeren Objekten abzuschweifen. Wenn der Geist sich in der Betrachtung seines Objekts zu festigen beginnt, nennt man dies das *erste Stadium des Geistes*. Obwohl der Geist beginnt, sich zu festigen, versagt er doch darin, lange in der Konzentration auf dasselbe Objekt zu verharren. Gedanken entströmen dem Geist wie das Wasser in einem Wasserfall, und es scheint, als entstünde plötzlich eine wahre Flutwelle von Gedanken. In Wirklichkeit hat sich der Geist immer in diesem Zustand befunden, nur daß man nie zuvor seinen Blick darauf gerichtet hatte. Nun, da der Geist durch die Übung der Achtsamkeit und des klaren Verstehens nach innen gerichtet ist, werden die Gedanken erkannt. Wie ein unaufmerksamer Mensch auf einer großen und verkehrsreichen Straße sich nicht bewußt ist, wie verkehrsreich sie in Wirklichkeit ist, solange er nicht die verschiedenen Arten und die Anzahl der Leute sorgfältig nachgeprüft hat, so erkennt der Geist erst in der Sammlung die Vielfalt und die Menge der Gedanken, die in ihm vorhanden sind. Das soll man nicht als einen Fehler in der Übung betrachten, sondern als eine ganz natürliche Erfahrung für jeden, der mit der Übung der Konzentration beginnt.

Während man das erste Stadium des Geistes erlebt, erreicht man mit Hilfe der *zweiten Kraft*, daß der Geist wiederholt an sein Objekt gebunden wird. Auf diese Weise wird der Geist für einige Zeit durch diese Kraft beherrscht und kann so das *zweite Stadium des Geistes* erreichen. Hier entstehen zeitweise Gedanken und stören den Geist, verwehen danach aber wieder, und dies ist der Punkt, da der Meditierende zum ersten Mal das Anhalten der Gedanken erlebt. Zwei Mängel treten hier üblicherweise auf: das Absinken und die Zerstreuung. Im ersten Fall sinkt der Geist sanft in das Objekt, und eine Art von Schlaf ist die Folge, während im zweiten Fall der Geist unstet wird und hinter anderen Objekten herrennt. Die Folge davon ist, daß die Sammlung ihre Macht und Kraft verliert. Wenn dies erfahren wird, sollte man den Geist unbeirrbar auf das Objekt richten, und wenn das geschieht, so nennt man das die *erste geistige Aktivität*.

Wenn also nun der Geist, nachdem er ernsthaft an das Objekt gebunden ist, dauernd von anderen Objekten gestört wird, so muß er durch die *dritte Kraft* (die Achtsamkeit) in seiner Konzentration gefestigt werden. Daraufhin erreicht man das *dritte Stadium des Geistes*.

Wie oben bemerkt, wird der Geist, falls er nicht energisch ist und deshalb durch die Fehler des Absinkens etc. entmutigt wird, mittels der *dritten Kraft* zum Meditations-Objekt zurückgeführt. Diese Kraft der Achtsamkeit wird auch benötigt, um den Geist, wenn er erweitert ist, am Abirren zu anderen Objekten zu hindern. Dies ist das *vierte Stadium des Geistes*!

Wenn man die Konzentration übt, erscheinen wiederholt Gedanken und Verdunkelungen, weil der Meditierende die ungeeigneten und ablenkenden Folgen, die von ihnen zu erwarten sind, nicht kennt und der geeigneten Früchte der Sammlung nicht gewahr ist. Wenn man mittels der *vierten Kraft* (klares Verstehen) diese Fehler wahrnimmt und erkennt, dann können sie mit Hilfe dieser Kraft auch gründlich beseitigt werden. Das heißt, daß Verdunkelungen, die bereits entstanden sind, abgeschnitten werden, wobei der Geist fest an sein Objekt gebunden bleibt, und wenn dies geschieht, so ist dies das *fünfte Stadium des Geistes*.

Von Zeit zu Zeit kann es geschehen, daß der Geist unzufrieden ist mit der Konzentration, so daß aus der Langeweile die Erfahrung der Zerstreuung erwächst. Durch die Kraft des klaren Verstehens werden die schlechten Früchte der Zerstreutheit erkannt und der Geist davon abgehalten, die Langeweile zuzulassen. Dies nennt man das *sechste Stadium des Geistes*.

Obwohl in diesem Stadium der Übung die Fehler und Verdunkelungen durch die Betrachtung ihrer unbefriedigenden Folgen für die Zukunft gehemmt werden, heißt das nicht, daß sie nicht wieder entstehen. Aus diesem Grund sollte sich der Meditierende immer in acht nehmen. Wann immer diese Verdunkelungen im Geist auftreten, wird der wahre Wert der Aufmerksamkeit sichtbar, denn, welche Verdunkelung es auch sei, ob Gier, Lust, Gesang etc., ob sie in grober oder feiner Form auftritt, so kann ihr doch durch diese Aufmerksamkeit ein Ende gemacht werden, wenn Ernst und Anstrengung zur Unterstützung eingesetzt werden. Dies ist das *siebte Stadium des Geistes*.

Obwohl vom dritten bis zum siebten Stadium der Geist mehr oder weniger stark konzentriert auf sein Objekt geheftet war, entsteht von Zeit zu Zeit durch Verdunkelungen wie Absinken und Zerstreuung eine Ablenkung, wenn auch viel-

leicht nur in großen Abständen. Dies hat zur Folge, daß die Sammlung durchbrochen wird, und zu diesem Zeitpunkt kann sie durch die zweite geistige Aktivität wiederhergestellt werden. Diese Aktivität kommt in allen Stadien des Geistes, vom dritten bis zum siebten, zur Anwendung.

Wenn der Meditierende die dritte und vierte Kraft entwickelt, um die Zerstreuung zu unterbinden, und die fünfte Kraft gegen das Absinken einsetzt, dann werden diese Verdunkelungen nicht mehr als Behinderungen der Sammlung auftreten. Als Folge davon schreitet die Übung fort wie ein ununterbrochener Strom, das *achte Studium des Geistes.*

Wenn dieses Stadium erfahren wird und man hält die Anstrengung sorgfältig und beständig aufrecht, dann haben diese beiden Verdunkelungen nicht die Kraft, in die Sammlung einzubrechen, so daß diese ungebrochen und ungestört fortschreitet, und das bedeutet, daß die *dritte geistige Aktivität* am Werke ist.

Während man die Sammlung beständig und ununterbrochen weiterentwickelt, wird mit Hilfe der sechsten Kraft das Objekt erhellt. In diesem Stadium ist der Geist mühelos auf das Objekt konzentriert, ohne daß er von Achtsamkeit oder klarem Verstehen unterstützt wird. Dann hat man das *neunte Stadium des Geistes* erreicht. Wie einer, der die Schriften gut gelernt hat, seinen Geist wandern lassen kann, während er sie singt, und sein Singen davon nicht behindert wird, so ist der Geist, der zuvor fest an sein Objekt gebunden wurde, nun mühelos und ohne jede Behinderung darauf gerichtet. Der Strom der Sammlung ist nun fähig, für lange Zeit und ohne daß der Übende eine Anstrengung unternimmt, dahinzufließen, und dies ist die *vierte geistige Aktivität*. Das neunte Stadium des Geistes wird auch Vorstufe oder Eingang zur Sammlung genannt.

Diagramm des Fortschritts durch die neun Stadien

1. Kraft	→	1. Stadium		
2. Kraft	→	2. Stadium	↔	1. geistige Aktivität
3. Kraft	→	3. Stadium	↔	2. geistige Aktivität
3. Kraft	→	4. Stadium	↔	2. geistige Aktivität
4. Kraft	→	5. Stadium	↔	2. geistige Aktivität
4. Kraft	→	6. Stadium	↔	2. geistige Aktivität
5. Kraft	→	7. Stadium	↔	2. geistige Aktivität
3., 4., 5. Kraft	→	8. Stadium	↔	3. geistige Aktivität
6. Kraft	→	9. Stadium	↔	4. geistige Aktivität

Ruhe findet sich selbst im Geist eines Meditierenden, der mit der Übung der Sammlung erst beginnt. In dem Maße, wie die Ruhe wächst, vergeht die Steifheit des Geistes und des Körpers. Diese Steifheit, Stumpfheit oder Unbeweglichkeit des Geistes ist mit Schwere und geistiger Inaktivität verbunden, und die Wurzel-Ursache dieser geistigen Verdunkelungen ist die Täuschung (moha). Wenn wir sagen, daß die Ruhe im Gegensatz zur Steifheit steht, heißt das, daß diese Ruhe oder samatha von der Leichtigkeit sowohl des Geistes wie des Körpers begleitet wird[60]. In einem ruhigen Geist entsteht Freude (prīti), und dadurch wird der Geist in der Betrachtung des Meditations-Objektes gefestigt. Die Ruhe des Geistes bringt auch einen stillen und entspannten Körper mitsich, und dieser körperliche Friede ist sehr hilfreich für den Meditierenden.

In dem Maße, in dem man in der Sammlung Fortschritte macht, neigt diese Freude zum Verschwinden und macht der

Gelassenheit (upekṣā) Platz, während der Geist mit größerer Stabilität auf sein Objekt gerichtet ist, eine Erfahrung, die als samādhi-upacāra-acala-praśrabdhi (wörtlich: die unerschütterliche Stille des Eingangs zur Sammlung) bekannt ist und mit Hilfe derer man ein Stadium erreicht, das der ersten Versenkung (dhyāna) sehr nahe kommt.

Fährt man mit der Übung in dieser Weise fort, so erreicht man tatsächlich die erste Versenkung. Wir sagten bereits, daß es hier drei Ebenen gibt, manchmal auch Welt-Elemente genannt, doch können diese noch weiter in insgesamt neun Ebenen unterteilt werden:

1. Ebene der sinnlichen Existenz
2. erste Versenkungsebene
3. zweite Versenkungsebene
4. dritte Versenkungsebene
5. vierte Versenkungsebene
6. Ebene der Sphäre des unendlichen Raums
7. Ebene der Sphäre des unendlichen Bewußtseins
8. Ebene der Sphäre der Nicht-Ding-heit
9. Ebene der Sphäre von Weder-Wahrnehmung-noch-Nichtwahrnehmung, auch der Gipfel des Erreichbaren genannt

Diese stufenweise ansteigenden Ebenen werden erreicht, indem man nicht an sie verhaftet ist und indem man die Vorteile der höheren als der bereits errungenen Ebenen wie auch die Nachteile derer, die man schon erreicht hat, erkennt.

Diese Versenkungs-Leistungen, das heißt acht dieser neun Ebenen, sind kausale Faktoren, denn in der Entsprechung zur jeweils erreichten Stufe kann man unter den Himmlischen der Form oder Nicht-Form wiedergeboren werden.

Wie oben bemerkt, ist das weltliche Ziel der Versenkungen von zweierlei Art: die der Form und die der Nicht-Form, welche beide je vier Ebenen haben.

Jede dieser Versenkungen hat zwei Stadien: das der Annäherung und das der Vollendung. Ich will nun die Methode darstellen, mittels derer sie zu erlangen sind.

Erste Versenkung. Im Stadium der Annäherung an die erste Versenkung gibt es sechs geistige Aktivitäten:

1. »die, welche die Eigenschaften erfährt«
2. »die zur Freiheit führt«
3. »die der Isolation (vom Verlangen) nahe ist«
4. »die Freude gedeihen läßt«
5. »die Prüfende«
6. »die in der Anwendung Vervollkommnete«

Welche Anwendung finden nun diese Aktivitäten? Die erste wird eingesetzt, wenn man mittels der zwei Arten der Weisheit – durch Hören (Lernen) und Denken (Nachsinnen) – die Nachteile der Annäherungen an die Versenkung im Bereich des Verlangens (kāma-bhūmi) und die Vorteile der ersten Versenkung sieht. Die Aktivität der Erfahrung dieser Eigenschaften hat eine grobe Form, die der Planung durch Denken, und eine feine, die der Prüfung durch Denken (vitarka, vicāra).

Wenn die erste Aktivität durch die Übung der Weisheit der Entwicklung (Einsicht auf den niederen Ebenen) umgewandelt ist, nennt man sie die zweite geistige Aktivität, »die zur Freiheit führt«.

Man sollte bedenken, daß sich im geistigen Kontinuum der Wesen sowohl grobe wie feine Schatten befinden. Durch die Versenkungen werden lediglich die groben Schatten zerstört, während die feinen nur durch die vollständige Weisheit der Entwicklung beseitigt werden können, die zu der Zeit erworben wird, da man die Edlen Pfade[61] erkennt, die dem überweltlichen Bereich angehören. Die neun obengenannten Ebenen dagegen sind alle weltlicher Art (weltlich im Sinne von innerhalb des Rades von Geburt und Tod). Wenn man nur die letzteren erreicht, werden die groben Schatten der unteren Ebenen zerstört (womit dem Meditierenden der Fortschritt ermöglicht wird). Im Annäherungs-Stadium der ersten Versenkung werden also die groben Verdunkelungen des Bereichs des Verlangens zerstört. Wenn man durch die Kraft der Weisheit der Entwicklung im Zerstören der groben Verdunkelungen im Bereich des Verlangens[62] Fortschritte macht, so nennt man dies die dritte geistige Aktivität, »die der Isolation (vom Verlangen) nahe ist«.

Wenn man diese geistigen Aktivitäten übt, so hat man Erfolg im Zerstören der mäßigen Verdunkelungen, die mit dem Bereich des Verlangens verbunden sind, und dies nennt man die vierte geistige Aktivität oder »die, welche die Freude gedeihen läßt«.

Zu der Zeit, da sowohl die starken wie die mittleren Verdunkelungen zerstört worden sind, ist es nötig, die feinen Verdunkelungen zu vergegenwärtigen, denn sie sind – verglichen mit den anderen – sehr schwer zu erkennen. Aus diesem Grund ist die fünfte geistige Aktivität besonders wichtig als »die Prüfende«, die sieht, ob die feinen Verdunkelungen vorhanden sind oder nicht.

Nachdem man die feinen Verdunkelungen mittels der fünften gesehen hat, erkennt man, daß das geistige Kontinuum noch immer von ihnen verdunkelt wird, und so empfindet man die Notwendigkeit, sie zu zerstören. Die geistige Aktivität, die diesen feinen Verdunkelungen entgegenwirkt, ist die sechste oder die, die man »die in der Anwendung Vervollkommnete« nennt.

Als eine Folge der Vervollkommnung dieser geistigen Aktivität ergibt sich die Erfahrung der Früchte dieser Vervollkommnung – die erste Versenkung. Es ist eine spezifische Eigenschaft aller dieser geistigen Aktivitäten, die grobe Struktur der jeweils unteren Stadien mit all ihren Fehlern zu sehen, dagegen das darüberliegende Stadium für fehlerlos und ruhevoll zu halten. Diese Methode der Betrachtung hilft einem sowohl auf dem weltlichen wie auf dem überweltlichen (oder transzendentalen) Pfad.

Es gibt fünf Faktoren, aus denen sich die erste Versenkung zusammensetzt: Planung durch Denken, Prüfung durch Denken, Freude, Seligkeit und Auf-einen-Punkt-gerichtet-sein. Von diesen fünf wirken die ersten zwei gegen die geistigen Verdunkelungen, Freude und Seligkeit sind die Ergebnisse der Übung, und das Auf-einen-Punkt-gerichtet-sein des Geistes wird als die Grundlage der vier anderen bezeichnet. Wenn sowohl Planung durch Denken und Prüfung durch Denken in der ersten Versenkung vorhanden sind, so heißt sie »vervollkommnet«; wenn jedoch die erstere abwesend ist, nennt man sie »besonders vervollkommnet«[63].

Zweite Versenkung. In den Annäherungs-Stadien zu jeder Versenkung sind alle sechs geistigen Aktivitäten vorhanden. In diesem Fall erkennt man mit ihrer Hilfe die Mängel der ersten Versenkung, wie auch den Frieden des darüberliegenden Stadiums. Das vervollkommnete Stadium der zweiten Versenkung hat vier Faktoren: innere Reinheit, Freude, die der Sammlung entspringt, Seligkeit und Auf-einen-Punkt-gerichtet-sein. Der erste wirkt gegen die geistigen Verdunkelungen, Freude und Seligkeit sind die Folge der Übung, und der letzte ist die Grundlage der anderen drei. »Innere Reinheit« ist der Sammelbegriff für Achtsamkeit, Ruhe und Gelassenheit, da diese eine zerstörende Wirkung auf die geistigen Verdunkelungen ausüben[64].

Dritte Versenkung. Wie zuvor sind auch hier die sechs geistigen Aktivitäten im Annäherungs-Stadium vorhanden, wo sie ermöglichen, daß man die Mängel der zweiten Versenkung erkennt und sich die Vorteile des weiteren Fortschritts (zu Vervollkommnung der dritten Versenkung) bewußt macht. Hat man sich von der zweiten Versenkung gelöst, so erreicht man das vervollkommnete Stadium der dritten Versenkung, und dieses hat fünf Faktoren: Achtsamkeit, klares Verstehen, Gelassenheit, Seligkeit, die frei von Freude ist, und Auf-einen-Punkt-gerichtet-sein. Von diesen fünf wirken die ersten drei gegen die geistigen Verdunkelungen, während der vierte eine Folgeerscheinung ist, und der fünfte, wie zuvor, die Grundlage der anderen bildet[65].

Vierte Versenkung. Das Annäherungs-Stadium mit den sechs geistigen Aktivitäten ist das gleiche wie zuvor. Sieht man die Nachteile der dritten Versenkung und die Wohltat der vierten, so erreicht man ihre Vervollkommnung durch Loslösung vom vorherigen Stadium und durch das Streben nach dem nächsten. Dieses setzt sich wiederum aus fünf Faktoren zusammen: achtsame Reinheit, gelassene Reinheit, gelassenes Gefühl und Auf-einen-Punkt-gerichtet-sein. Hier wirken die ersten zwei gegen die geistigen Verdunkelungen, der dritte ist die Folge der Übung und der vierte bildet die Grundlage[66].

Die Achtsamkeit der vierten Versenkung wird besonders

abgegrenzt, indem man sie als »gereinigt« bezeichnet, da sie frei ist von den acht Mängeln der anderen Versenkungs-Stadien. Diese sind: Planung durch Denken, Prüfung durch Denken, Seligkeit, Unbefriedigtsein, geistiges Vergnügen, geistiger Schmerz, Einatmung und Ausatmung. Man kann sie als die Dornen auf dem Weg zur Sammlung bezeichnen. Von diesen sind die ersten zwei Mängel der ersten Versenkung. Sinnliches Glück, das aus den fünf Grundlagen entspringt, ist ein Mangel der zweiten Versenkung. Geistiges Vergnügen und geistiger Schmerz, die aus der sechsten Grundlage (Geist) entspringen, sind Mängel der dritten Versenkung, während die vierte Versenkung, so sie ganz vervollkommnet ist, frei ist von allen acht Mängeln.

Die Früchte der vervollkommneten Versenkungen

Entsprechend der Entwicklung der vervollkommneten Versenkungen, die jeweils in schwach, mittelmäßig oder stark eingeteilt sind, findet die nachfolgende Geburt statt, wobei die drei Stärken jeder Versenkung den drei Unterstufen innerhalb jeden Bereichs der Form entsprechen[67].

Die feine Form des Nicht-Wahrnehmbaren (siehe das Kapitel über die fünf Daseinsfaktoren), die durch die Übung der Versenkungen »angehäuft« wird, nennt man die »reifen Früchte« des jeweiligen erreichten Stadiums.

Wenn ein konzentrierter Geist das erreichte Ziel bildet, so nennt man dies die natürliche Folge, eine Frucht, die aus der Übung »herausfließt«. Materielle Dinge, die der Notwendigkeit oder der Bequemlichkeit dienen, sind, wenn man sie als Ergebnis der Praxis dank der Achtung der anderen erhält, Früchte, die man als »Extra-Gabe« bezeichnet.

Die vier Vervollkommnungen der Nicht-Form (arūpi-samāpatti)

Nachdem man die vier Versenkungen erreicht hat, wendet man sich völlig ab von Berührung, Anblick und physischen dharmas, selbst von den subtilen, während man folgenden Gedanken wachsen läßt: »Alle dharmas sind wie der unendliche Weltraum.« Man sollte den Geist ganz darauf richten und ihn in dieser Weise weiterentwickeln. Durch die Entwicklung hat man dann die Sphäre des unendlichen Raumes erreicht. Ist diese vervollkommnet, so sollte man den Gedanken folgendermaßen weiter entwickeln: »Bewußtsein ist wie die Unendlichkeit des Weltraums.« Nach einiger Zeit wird man dann die Sphäre des unendlichen Bewußtseins erreichen. Sind diese zwei Vervollkommnungen erlangt und bemerkt man, daß sie Objekte haben und an Objekte gebunden sind, so sollte man den Gedanken entwickeln: »Kein Ding kann ergriffen werden«, und damit die Sphäre der Nicht-Ding-heit vervollkommnen. Schließlich, nachdem man gesehen hat, daß diese drei Sphären Objekte haben, sollte man fortschreiten mit dem Gedanken: »Wenn es keine grobe Wahrnehmung gibt, so ist das nicht die Abwesenheit der feinen Wahrnehmung«, und so die Sphäre der Weder-Wahrnehmung-noch-Nichtwahrnehmung vervollkommnen. Diese letzte Vervollkommnung wird der Gipfel des Erreichbaren genannt.

Durch dieses Nicht-Form-Element wird der Daseins-Faktor der Form völlig getilgt, und nur die vier geistigen Daseins-Faktoren sind noch vorhanden. Obwohl die unteren Stufen des Form-Elements in den Bereichen der Nicht-Form nicht mehr anwesend sind, werden auch hier die Wesen für ein langes oder kurzes Leben und mit mehr oder weniger Pracht geboren, entsprechend der erreichten Kraft der Sammlung. Wenn man in diesem Bereich der Nicht-Form geboren wurde und eifrig in der Übung der Sammlung fortschreitet (um in die noch nicht erreichten Sphären vorzustoßen) und wenn man dabei die Kraft der Sammlung ausdehnt, so kann dies zu den besonderen Früchten eines außerordentlich langen Lebens im Bereich der Nicht-Form führen.

Besondere Tugenden und Kenntnisse

Das Erlangen der Versenkungen ist im allgemeinen schwierig, doch sind sie von großer Bedeutung, da man durch ihre Vervollkommnung mit besonderen Tugenden und Kenntnissen ausgestattet wird. Sowohl Buddhisten wie Außenstehende können sie erhalten, doch während Außenstehende sie vielleicht als ein Endziel betrachten werden (als »göttliche Segnungen«, als »Einheit mit Gott«, als »Wunder« etc.), sind sie für den Buddhisten lediglich ein Mittel, um die »Pfade« und »Früchte« zu erlangen, die später erklärt werden und die man nach der Übung der Weisheit (prajñā) erfährt. Obwohl diese verschiedenen Errungenschaften Vorläufer der »Pfade« und »Früchte« sind, sollten doch die, die innerhalb der »Lehre des Überwinders« stehen, in dieser Praxis ausgebildet werden.

Durch die Übung der vier vervollkommneten Stadien der Form-Versenkungen erlangt man die vier Unbegrenztheiten und die fünf Über-Erkenntnisse. Die vier Unbegrenztheiten sind Freundlichkeit, Mitleid, Mitfreude und Gelassenheit. Sie werden »unbegrenzt« genannt, weil ihre geistigen Objekte »alle Wesen« sind. Freundlichkeit heißt, daß man gegen alle Wesen Freundlichkeit entwickelt, wodurch die Gefühle der Abneigung unterbunden werden. Mitleid wird entwickelt, wenn man die Leiden der anderen sieht, so daß man ihre Schwierigkeiten teilen und ihnen helfen möchte, wodurch die Haltung der gefühllosen Indifferenz vermieden wird. Mitfreude ist das Gefühl, das man empfindet, wenn man das Glück der anderen sieht, ob es sich um materiellen Gewinn oder um geistige Stadien handelt, und auf diese Weise wird der Neid überwunden. Gelassenheit ist nötig in den Situationen, in denen man nichts ändern kann und in denen man sich darum abseits halten soll. Die Entwicklung der Gelassenheit führt zur Loslösung, sowohl von der Befriedigung angesichts eines in Schwierigkeiten geratenen Feindes wie von der Trauer, wenn Freunde oder Angehörige leiden.

Die Über-Erkenntnisse sind verschiedene weltliche Kräfte, die in dem entstehen, der die vier Form-Versenkungen geübt hat. Von diesen Erkenntnissen gibt es die folgenden fünf:

1. Das göttliche Auge, das fähig ist, selbst die subtilen Formen zu sehen, die nahen wie die fernen.
2. Das göttliche Ohr, mit dem die feinsten Töne aus weiter Entfernung gehört werden können.

3. Das Wissen um den Geist anderer, mittels dessen man fähig ist zu erkennen, was im Geiste anderer geschieht.
4. »Erinnerung vergangener Aufenthalte«, das heißt, das Wissen um vergangene Leben in der eigenen Kontinuität sowie in der anderer zu besitzen, wobei man sich solcher Details wie des Geburtsortes, des Namens und der Stellung der Familie und vieler anderer Dinge erinnert.
5. Das Wissen um den Augenblick des Todes und den Augenblick der Wiedergeburt von Wesen, die in ihren jeweiligen Umgrenzungen entsprechend ihrem Karma erscheinen.

Diese Kenntnisse sind eine Besonderheit des Bereichs der Form und können nicht im Bereich der Nicht-Form entstehen. Der letztere hat seine eigenen Besonderheiten, wie die Vervollkommnung der Nicht-Wahrnehmung und die Erfahrung des Stillstands. Erstere beruht auf dem Erlangen der vierten Versenkung und ist ein Stadium, in welchem alle groben Formen der Wahrnehmung zu existieren aufhören. Daraufhin kann man – mit dem Gipfel des Erreichbaren als Grundlage – sich um die Vervollkommnung des Stillstands bemühen, wenn der Strom des Geistes und der geistigen dharmas für eine bestimmte Zeit völlig angehalten werden kann.

Es ist die Pflicht derer, die ernsthaft die Lehren der Drei Fahrzeuge üben, die Stadien der Sammlung zu vervollkommnen und somit mit deren Tugenden ausgestattet zu werden und durch weiteres Üben die Unbegrenztheiten, die Über-Erkenntnisse und die Vervollkommnungen zu entwickeln.

Damit ist die Beschreibung der Übung der Höchsten Sammlung beendet.

III

DIE ÜBUNG DER HÖCHSTEN WEISHEIT
(adhiprajñāśikṣā)

Diese ist die letzte der drei Übungen. Weisheit (prajñā) bedeutet jene besondere Art der Erkenntnis, mit Hilfe derer man geeignetes und ungeeignetes Karma prüft. Sie gedeiht durch die Anwendung der geistigen Entwicklung (bhāvanā). Nach ihrer Vollendung nennt man sie die Vollkommenheit der Weisheit. Wir können hier drei Arten der Weisheit unterscheiden:

1. Die Weisheit, die das Über-Weltliche oder Absolute analysiert. Durch diese Art der Weisheit erlangt man – zunächst indirekt – die Erkenntnis von Nicht-Selbst-Seele (anātman), doch wenn diese Weisheit vollendet ist, so begreift man anātman innerhalb der direkten persönlichen Erfahrung.
2. Die Weisheit, die das Relative analysiert. Mittels dieser Weisheit werden die fünf Zweige des Wissens erklärt. Diese sind: das Studium der Sprache, das Studium der Logik, das Studium der Religion, das Studium der Medizin und das Studium der Künste und des Handwerks.
3. Die Weisheit, welche die Vorzüge der Wesen analysiert. Durch diese Weisheit vervollkommnet man die Vorzüge aller Wesen in dieser Welt und in anderen Bereichen. Diese Art von Weisheit erkennt die dharmas, die »schön-sind-zu-tun« und vervollkommnet sie in geeigneter Weise.

Von diesen drei Arten der Weisheit ist die erste die höchste. Darum sollte man besondere Anstrengungen zu ihrer Vollendung unternehmen. Die Lehre von Nicht-Selbst-Seele (anātman) findet sich überall im buddhistischen Denken und in der buddhistischen Praxis, und zur Erklärung des anātman gibt es eine große Zahl von Methoden, die alle gleichermaßen zur Vollkommenheit der Weisheit führen. Diese höchste Weisheit ist die, welche »keine Selbst-Natur« als die Absolute Wirklichkeit erkennt. Die Lehrer der Mādhyamika Prasaṅgika-Schule unternahmen große Anstrengungen, um diese Lehre von Nicht-ātman klar darzulegen. Die folgende Besprechung hält sich darum an die Auslegungen dieser Lehrer.

Wie ich nochmals betonen möchte, wird die Nicht-ātman-Lehre von allen Schulen des buddhistischen Denkens anerkannt; sie betrachten alle den ātman-Glauben in gleicher Weise, das heißt, daß sie den Glauben an eine unvergängliche Seele für die Wurzel allen Übels ansehen. Die ātman-Anschauung beinhaltet, daß Dinge unabhängig existieren, und dies wiederum ist Unwissenheit (avidyā), da aufgrund dieser ātmanAnschauung die Wesen innerhalb des Rades von Leben und Tod verbleiben. Die ātman-Anschauung ist also die Wurzel des samsāra oder des Kreislaufs. In dem, der befreit ist – wie etwa in einem Arhat –, ist diese ātman-Anschauung zerstört (da er zur Wirklichkeit des Nicht-ātman durchgedrungen ist). Die einzige Möglichkeit, diese Wurzel der Unwissenheit auszurotten, ist die Einsicht, genannt Nicht-ātman-Erkenntnis, und eine andere gibt es nicht. Darum ist es von grundlegender Bedeutung, daß man die höchsten Aspekte der Einsicht entwickelt wie etwa den, Nicht-ātman persönlich zu sehen.

Nicht-ātman (oder Nicht-Selbst-Seele) hat zwei Aspekte: Nicht-ātman der Person und Nicht-ātman der geistigen Erscheinungen. Beide werden mit dem Begriff »Nicht-Selbst-Natur« erklärt, das heißt, daß sowohl Personen wie auch die Erscheinungen, in welche man sie zerlegen kann, alle gleichermaßen ohne Selbst-Natur oder ohne Substanz sind. Wenn wir also zunächst Nicht-ātman der Person wirklich verstanden haben, so wird es leichter sein, auch Nicht-ātman der Erscheinungen zu begreifen.

Um das rationale Verständnis von Nicht-ātman der Person zu vertiefen, gibt es viele Methoden der Erklärung, von denen die wichtigste »die Trennung der Anschauungen von Einheit und Nicht-Einheit« genannt wird. Das wird weiter unten in vier Unterteilungen erläutert werden, deren Sanskritnamen folgende sind: 1. niṣedhya-viniścaya-marma; 2. vyāpti-viniścaya-marma; 3. ekatva-viyukta-viniścaya-marma; 4. anekata-viyukta-viniścaya-marma.

Die erste wird so erklärt: Das zu negierende Objekt ist das Selbst oder die Vorstellung von einer Seele. Doch ist es unmöglich, diese zu negieren, wenn uns die Kenntnis davon fehlt, wie die ātman-Anschauung die Selbst-Seele auffaßt. Zunächst ist zu sagen, daß ātman sowohl in seinen feinen wie in seinen groben Formen negiert werden muß. Wird nur die grobe Form der ātman-Vorstellung negiert, so bleibt der subtile Aspekt bestehen. Nimmt man aufgrund der ātman-Anschauung die Existenz einer unabhängigen und selbständigen Wesenheit, ātman oder Seele genannt, an, so führt dies zu einer Vorstellung von Ewigkeit, was bedeutet, daß man einer extremen Anschauung verfällt, der des Glaubens-an-Ewigkeit. Auf der anderen Seite muß man allerdings ebenfalls vorsichtig sein, denn wenn alle auf der Basis der sechs Sinne wahrgenommenen Sinnesobjekte negiert werden, dann annulliert man die relative oder konventionelle Wirklichkeit (wie etwa, daß es eine lebendige Person gibt, die von Tag zu Tag weiterbesteht usw.). Wenn man diesen Kurs beharrlich weiter verfolgt, so kann es geschehen, daß man in das entgegengesetzte Extrem der vollkommenen Verneinung fällt.

Hier sollte man beide obengenannten Extreme vermeiden, und um das zu erreichen, muß man die ātman-Anschauung, die Konzeption von einer unabhängigen Wesenheit, genau untersuchen. Es gibt zwei Arten der ātman-Anschauung: eine begrifflich konzipierte und eine angeborene. Das Ergreifen eines ātman, das auf einem der verschiedenartigen philosophischen Systeme beruht, die von den Seelen-Gläubigen erdacht wurden, nennt man die konzipierte ātman-Anschauung. Diese Art von ātman-Anschauung ist auf jene Wesen beschränkt, die an solche Denksysteme glauben, und darum findet sie sich nicht bei allen Wesen. Das Ergreifen oder Akzeptieren eines »Ich bin« auf natürliche Weise, ohne Anlehnung an philosophische Konzeptionen, nennt man die angeborene ātman-Anschauung, und diese findet sich bei allen Wesen. Wenn wir sie gemeinsam untersuchen, werden wir erkennen, daß die ātman-Anschauung das Ich als eine unabhängige Wesenheit betrachtet, also so, als bestünde es unabhängig von den fünf Daseins-Faktoren. *Bei näherer Betrachtung jedoch erweist sich, daß alle diese Anschauungen auf den fünf Daseins-Faktoren oder auf einem von ihnen basieren. Darum geschieht das Ergreifen des ātman in den Begriffen eines dieser fünf*[68]. Dies klar zu verstehen, nennt man »Vergegenwärtigung der zu negierenden Objekte«.

Der zweite Gesichtspunkt ist die Existenz von ātman, wenn sie als unabhängig betrachtet wird. Hier tritt die Frage auf, ob ātman von den fünf Daseinsfaktoren getrennt oder nicht getrennt (nicht-verschieden) ist. Aber es gibt nichts außerhalb ihrer. Also ist diese Frage irrelevant[69]. Dann kann »Ich-heit« weder außerhalb der fünf Daseins-Faktoren existieren noch nicht außerhalb ihrer. Das Begreifen dieses Punktes nennt man »Vergegenwärtigung der Gleichheit«.

Drittens sollte man bedenken, daß, wenn ātman und die fünf Daseins-Faktoren dieselbe Natur haben (ungeachtet der Tatsache, daß sie dem unentwickelten Geist als verschieden erscheinen), sie ein und dasselbe sind. Denn wenn sie wirklich dieselbe Natur haben, dann können diese vermutliche wirkliche Natur (der Nicht-Unterschiedlichkeit) und die scheinbare Natur (die vom unentwickelten Geist wahrgenommen wird) nur im Bereich der relativen Wirklichkeit als verschieden erscheinen, nicht dagegen in der Absoluten Wirklichkeit. Das bedeutet, daß, wenn man die Gleichheit der gleichen Natur voraussetzt, es keinen Unterschied geben kann zwischen relativer und absoluter Wirklichkeit. Aus diesem Grunde sagen wir, daß ātman und die fünf Daseinsfaktoren nicht verschieden sein können, wenn sie dieselbe Natur haben.

Wenn wir nun also diese beiden Wirklichkeiten als nichtverschieden akzeptieren, kann das zu zahlreichen Trugschlüssen führen: 1. Wären sie nicht-verschieden, so müßten sich in einem Wesen so viele Seelen wie Daseinsfaktoren befinden. 2. Wenn jemand nur einen ātman hätte, so hätte er auch nur einen Daseinsfaktor. 3. Oder, da alle Daseinsfaktoren auf dieselbe Weise entstehen und vergehen, so müßte ātman in gleicher Weise entstehen und vergehen. So wird mit Hilfe dialektischer Untersuchung offenbar, daß ātman und die fünf Daseinsfaktoren nicht dieselbe, selbst-existente Einheit sein können. Das heißt: gründliche Kenntnis haben von dem schwachen Punkt durch Aussonderung der (Anschauung von) Einheit (des ātman und der fünf Daseinsfaktoren).

Viertens sollten wir so, wie wir die Gleichheit von ātman

und den fünf Daseinsfaktoren negiert haben, nun auf dialektischem Wege die ausschließliche Einmaligkeit von ātman negieren. Wenn ātman völlig verschieden ist von den Daseins-Faktoren, dann müßte eine genaue Untersuchung dies aufdecken. Doch wenn sie vom Standpunkt der relativen Wirklichkeit aus verschieden sind (wie der unentwickelte Geist voraussetzt), dann können sie in der Absoluten Wirklichkeit nicht ebenfalls verschieden sein (da sich die Absolute Wirklichkeit in allem von der relativen Wirklichkeit unterscheidet). Doch steht dies im Widerspruch zu der Feststellung, daß sie vollkommen verschieden seien.

In diesem Fall müßten wir akzeptieren, daß ātman und die Daseinsfaktoren ohne Beziehung zueinander stehen, also völlig verschiedene Dinge sind. Wäre dies der Fall, so müßten wir auch akzeptieren, daß ātman frei ist von den Eigenschaften der Daseinsfaktoren in Form von Entstehen, Existenz und Vergehen. Wer also an diese Art von ātman-Anschauung glaubt, nämlich, daß ātman völlig verschieden ist von den Elementen der Persönlichkeit, wird beweisen müssen, daß ātman unabhängig von den fünf Daseinsfaktoren und ohne Beziehung zu ihnen existiert – und das ist nicht zu beweisen[70] (da alle möglichen Mittel und Wege, ātman, Seele, Selbst etc. zu erkennen, in den fünf Daseinsfaktoren beinhaltet sind). Darum kann die Anschauung, daß ātman und die fünf Daseinsfaktoren etwas völlig Verschiedenes seien, keinesfalls richtig sein. Das nennt man: gründliche Kenntnis haben vom schwachen Punkt durch Aussonderung der (Anschauung von) Nicht-Einheit (des ātman und der Daseinsfaktoren).

Um ein Verständnis der Nicht-Selbst-Natur (der Person) zu erreichen, sollte man auf diese Weise die Gründe erkennen, warum ātman und die Daseinsfaktoren weder das gleiche noch verschieden voneinander sind.

Man kann zum Verständnis der Nicht-Selbst-Natur auch auf andere Weise durch eine dialektische Methode kommen, die man anupalabdhi (die Nicht-Erreichbarkeit der Bedingungen, die nötig sind, um die Sache zu beweisen) nennt. Die Nicht-Selbst-Natur von ātman kann durch folgende Analogie erklärt werden: Ein Mann hat nur zwei mögliche Plätze, wo er nach einer vermißten Kuh suchen kann, aber trotz sorgfältigen Suchens an beiden Orten findet er sie nicht. Er weiß, daß die Kuh unmöglich irgendwo anders sein kann, daß es also nutzlos ist, sich über einen dritten Ort Gedanken zu machen; so wird die Fruchtlosigkeit seiner Suche und damit auch die fälschliche Annahme (die Kuh sei verloren) offenbar. Ebenso muß die vorausgesetzte unabhängige Existenz von ātman als nicht-existent erkannt werden, nachdem man sie innerhalb und außerhalb der fünf Daseinsfaktoren gesucht hat. *Der Glaube an eine unabhängige Seele (ātman) wird in Wirklichkeit durch Denken erzeugt.* Solche Vorstellungen von einem ātman erweisen sich als Illusion und als logisch gegenstandslos durch die Aussonderung (der Anschauungen) von Einheit und Nicht-Einheit, so daß man zur Leere des ātman kommt, was gleichbedeutend ist mit Nicht-ātman der Person. Auf diese Weise und durch die Kraft dieser Dialektik entsteht in dem Übenden die rechte Anschauung des Mittleren Pfades.

So wie wir in Kürze Nicht-ātman der Person behandelten, wollen wir nun Nicht-ātman der geistigen Erscheinungen erklären. Im allgemeinen werden Dinge, wie etwa ein Topf, so betrachtet, als würden sie unabhängig existieren. In Wirklichkeit ist ein Topf das Resultat der Kombination einer Reihe von Ursachen wie Ton, Töpfer, dessen Kraftaufwand, Hitze usw. Das bedeutet, daß seine Existenz von vielen anderen Faktoren abhängig ist, die sich vom Endprodukt, genannt

»der Topf«, unterscheiden, so daß man leicht sehen kann, daß er keine unabhängige Existenz besitzt. Wäre er wirklich unabhängig, dann müßte er durch sich selbst geschaffen (svāyambhu) sein, aber bei genauer Betrachtung finden wir nichts dergleichen. Nun sind alle erfahrbaren dharmas, aus denen die Welt, die wir wahrnehmen, zusammengesetzt ist, von gleicher Art wie der Topf, indem sie alle der unterstützenden Umstände für ihr Entstehen und ihre Existenz bedürfen. Dieser Aspekt der Existenz ist der wichtigste Beweis, daß die Natur der dharmas ebenfalls Nicht-Selbst-Natur ist. Das ist ihre Absolute Wirklichkeit. Obwohl wir vielleicht das Gefühl haben, daß dharmas (geistige Erscheinungen) in sich selbst ein Sein oder eine Eigen-Natur besitzen, enthüllt die Absolute Wirklichkeit sie als leer von solcher Natur. Der Glaube, daß die Wirklichkeit der Dinge in der Art und Weise liege, wie wir sie wahrnehmen (als selbst-existent), wird die Anschauung vom Selbst-Sein der dharmas genannt, ein Äquivalent zur Annahme, die Sinneseindrücke seien absolut wirklich. Doch um die versteckte Wahrheit zu erkennen (versteckt durch unsere geistigen Verdunkelungen wie avidyā, Unwissenheit), müssen die dharmas im Licht der vier dialektischen Annäherungen, wie sie oben beschrieben wurden, untersucht werden. Wenn man sie auf diese Weise prüft, wird man von der selbst-täuschenden Vorstellung befreit, daß dharmas ein eigenes Sein besitzen, und kann so bis zur letzten Leere vordringen. Dringt man bis dahin durch, so sieht man, daß die ganze Welt lediglich Vorstellung und ihre Existenz relativ ist. Das ist die Erkenntnis, durch die man Nicht-ātman der dharmas vergegenwärtigt.

Wenn man zum rechten Verständnis der Nicht-Selbst-Natur sowohl der Personen wie der dharmas gefunden hat, wird die Welt als Ganzes in Form von Ursache und Wirkung,

Subjekt und Objekt begriffen und ihre Existenz als unabhängig von einer Vielzahl von Ursachen erkannt. Es können die Prozesse, die auf lebende und nicht-lebende Dinge einwirken, am besten verstanden werden, wenn die Wahrheit von Nicht-ātman der dharmas gefestigt wird. Das kann durch das Begutachten der Anschauungen anderer geschehen, indem man die bedingten dharmas betrachtet, so daß man dazu gelangt, das Abhängige Entstehen als Form der Leere zu begreifen[71]. *Wenn man das Abhängige Entstehen als Leere erkennt und die Leere als Abhängiges Entstehen, dann versteht man mit wahrer Einsicht die Essenz aller Reden Buddhas.*

Doch für das Verständnis der Leere wird die Dialektik der Aussonderung der Anschauungen von Einheit und Nicht-Einheit (selbst was den intellektuellen Weg betrifft) nicht als ausreichend betrachtet, und es gibt noch weitere dialektische Methoden, um die Erkenntnis der Wahrheit zu bekräftigen. Darunter sind:

1. Die Methode der Vajra-Spur, die eine sorgfältige Untersuchung der vier verwerflichen Wege beinhaltet, um zu zeigen, daß:

   alle dharmas nicht geboren sind
   - aus sich selbst
   - aus anderen Ursachen
   - aus beidem
   - aus keinem (unverursacht)

2. Die Methode des Entstehens der Wirklichkeit und Nicht-Wirklichkeit, welche die Untersuchung zum Zweck der Widerlegung von folgenden Tendenzen beinhaltet:
   a) Gleichsetzen der Naturen von Ursache und Wirkung,
   b) Entstehen aus einer selbst-existierenden anderen Ursache,

c) Entstehen aus sowohl den grundlegenden wie den unterstützenden Ursachen,
d) Ursachenlosigkeit.

3. Die vierfache Schaffung ist ungeschaffen (wie die Logik zeigt). Dies zeigt sich durch eine Untersuchung der Schaffung aller dharmas, wobei verworfen wird, daß:
a) eine Ursache viele Wirkungen schafft,
b) viele Ursachen eine Wirkung schaffen,
c) viele Ursachen viele Wirkungen schaffen,
d) eine Ursache eine Wirkung schafft.

4. Die Methode des Abhängigen Entstehens durch eine Prüfung aller dharmas, um aufzuzeigen, daß sie abhängig entstehen und somit nicht-substanziell und leer von ātman sind.

Aus der Übung dieser Dialektik entspringt die Erkenntnis des tiefen Sinnes der Leere oder des Nicht-ātman-Prinzips, und wenn dieses Verständnis erlangt ist, sollte man es durch die Sammlung, mit oder ohne Planung durch Denken entwickeln und verwirklichen, denn dies ist die Art und Weise, in der die Übung der Höchsten Weisheit angewendet wird.

Damit ist die Beschreibung der Übung der Höchsten Weisheit beendet.

DER PFAD
(mārga)

Die hervorragendste unter den höchsten Übungen ist die der Weisheit, und es wurden im vorigen Kapitel einige Erläuterungen darüber ausgeführt. Wir wollen nun in Kürze die Art und Weise darlegen, in der diese Weisheits-Übung zusammen mit Tugend und Sammlung praktiziert wird. Es gibt verschiedene Anwendungsmöglichkeiten dieser dreifachen Übung, die jeweils den Absichten, dem praktizierten Pfad und dem erwünschten Resultat entsprechen. Darum wollen wir zuerst den Pfad dessen beschreiben, der ein Schüler ist (śrāvaka, wörtlich: »Hörer«) und der danach strebt, ein Arhat (»einer, der wertvoll ist« aufgrund der Zerstörung der Verdunkelungen), zu werden; dann den Pfad dessen, der ein Stiller Buddha (pratyeka-buddha, wörtlich: »ein Buddha für sich selbst«) werden möchte, und schließlich den Pfad des Bodhisattva (ein Wesen, das gelobt, die Erleuchtung zum Wohle aller fühlenden Wesen zu erlangen), der den Pfad, der zur vollkommenen Buddhaschaft führt (samyak-sambuddhatva), beschreitet.

(śrāvakayāna)

Dieser Pfad hat verschiedene Stadien, und das erste davon ist Sambhāramārga (der Pfad der Anhäufung). Es ist wohlbekannt, daß die Wesen, die ins Netz des Karma und der geistigen Verdunkelungen verstrickt sind, innerhalb des Rades von Geburt und Tod hierhin und dorthin wandern und zeitweise in verschiedenen Lebensbereichen existieren, vom höchsten, Bhavāgra oder dem Gipfel der Existenz, bis zum niedrigsten, Avīci oder der Hölle »ohne Erleichterung«[72]. Das gesamte Rad, das angetrieben wird von Ursachen (wie Unwissenheit und Verlangen) und Wirkungen (wie den vielfältigen Formen der Erfahrung des Unbefriedigtseins oder Krankheit, Alter, Tod und Geburt), ist duhkha selbst und wird überall von der Anwesenheit der geistigen Verdunkelungen und Unzulänglichkeiten überschattet. Man muß es als einen Strom von Daseins-Faktoren des Ergreifens betrachten (jene fünf vergänglichen Daseins-Faktoren, welche die Persönlichkeit ausmachen und nach denen man in dem Bestreben greift, sie sich »zu eigen« zu machen). Duhkha, das aufgrund ihres Ergreifens von den Wesen erfahren wird, ist sehr vielfältig, kann aber kurz aufgeteilt werden in:

1. Leiden an Unbefriedigtsein
2. Leiden an Verminderung
3. Leiden an Gestaltungen

Das erste bedeutet körperlicher und geistiger Schmerz, der als wirklich empfunden wird und nichts anderes sein kann als Unbefriedigtsein. Das zweite ist die bedrückende Natur aller bedingter Dinge, die mit Änderung und Verminderung verbunden sind, während das dritte auf die unbefriedigende

Natur all dessen hinweist, das geformt oder bedingt ist durch die abhängige und unsichere Art seiner Existenz.

Es sollte das Ziel dessen, der den Dharma praktiziert, sein, ein klares Verständnis dieser verschiedenen Kategorien des duhkha zu erlangen und zu erkennen, wie sie ihn persönlich beeinflussen[73], so daß, wenn er der Welt mit dem starken Verlangen nach Befreiung von der Weltlichkeit gegenübertritt, die Nicht-Verhaftung in ihm wächst. Wenn man das Entstehen dieses Verlangens fühlt und somit angespornt wird, dem Ziel entgegenzustreben, so heißt dies, den Pfad der Anhäufung zu betreten. Auf diese Weise entfernt man sich von dem, was nicht zum Wege gehört, und begibt sich auf den Pfad, der zur Freiheit führt. Im Laufe des Übens häuft man alle nötigen Verdienste[74] an, die man für die große Reise benötigt, auf die man sich begeben hat.

Dieser erste Pfad ist von dreifacher Art, das heißt, in dem Maße schwach, mittelmäßig oder stark, wie es dem Üben der Kontemplationen, wie etwa der Betrachtung des Unschönen, entspricht (aśubha-bhāvanā gilt als Heilmittel, z. B. gegen die Attraktion eines schönen Mädchens, da jemand, der das, was man »schön« nennt, als ein Konglomerat von Knochen, Blut und anderen Dingen betrachtet, in seinem lustvollen oder gierigen Geist geheilt wird) oder der Übung der Achtsamkeit gegenüber dem Atem (um den abgelenkten Geist zu beruhigen) und anderen Aspekten der Achtsamkeit (um den Dharma im täglichen Leben wahrzunehmen). Durch diese Übungen werden die falschen Anschauungen, die den als »Umkehrung« bezeichneten Verdunkelungen zum Wachstum verhelfen, teilweise geschwächt, aber nicht zerstört. Die Umkehrungen bestehen (auf der Ebene der Wahrnehmung, des Geistes und der Philosophie) aus Anschauungen, die das Unschöne für schön halten, das Unbefriedigende für Glück, das Vergängliche für unvergänglich und die Wirklichkeit des Nicht-ātman für etwas, in dem eine Seele enthalten ist. Sobald diese Umkehrungen geschwächt werden, richtet sich der Geist des Übenden nicht mehr auf die Anhäufung von weltlichem Reichtum oder die Freude daran, sondern verliert das Interesse an solcher Weltlichkeit. Sein Geist wird sich im Gegenteil nun auf die Reinigung und notwendige Zerstörung der Verdunkelungen, die der Befreiung vorangehen muß, konzentrieren. Dank seinem Üben gewinnt er eine oder mehrere der fünf Über-Erkenntnisse und erlangt die Kraft, sich selbst in verschiedene Formen zu versetzen.

Prayogamārga, der Pfad des Bemühens, ist das zweite Stadium. Ist man mit den Tugenden des Pfades der Anhäufung erfüllt, so rückt man vor auf dem Weg, der zur Freiheit führt. Von da an ist der, der sich auf diesem Pfad befindet, im Besitz ständig wachsender Tugenden und wird mit weiteren Tugenden erfüllt, die er zuvor nicht hatte. Auf diesem zweiten Pfad geht er durch die vier Stadien, die man »Hilfen zur Durchdringung«[75] nennt, nämlich: Vorandrängen, Höhepunkte, Geduld und feine dharmas.

Innerhalb dieser vier Stadien entsteht die Weisheit-der-Entwicklung (die man auch vipaśyanā oder Einsicht nennen kann), die zu den allgemeinen Kennzeichen der Vier Edlen Wahrheiten durchdringt, und diese Weisheit wird scharfsichtiger, je weiter man von Stadium zu Stadium vorrückt. Darum werden die drei Kennzeichen (der Existenz): Vergänglichkeit, Unbefriedigtsein und Nicht-ātman zunehmend deutlicher. Ebenso manifestieren sich die fünf hilfreichen Fähigkeiten[76] und die fünf Kräfte, so daß man viele Tugenden erlangt. Von den vier obengenannten Stadien ist das erste, »höchstes dharma« genannt, das Endstadium des unerleuchteten Weltlings. Nach dessen Erfahrung befindet man sich auf dem transzendentalen Pfad und gehört der Familie der Edlen (Arya) an.

Der dritte Pfad wird der Pfad der Einsicht oder Darśana-mārga genannt und betrifft das Erkennen der Vier Edlen Wahrheiten in sechzehn verschiedenen Aspekten[77] mittels transzendentaler Einsicht. In diesem Stadium hat man eine unverhüllte Sicht der Nicht-Selbst-Natur innerhalb der Vier Edlen Wahrheiten, so daß man mit Hilfe dieses Pfades der Einsicht alle Verdunkelungen, die auf diesem Pfad zerstörbar sind, völlig beseitigt, ob sie zu den Welt-Elementen des sinnlichen Vergnügens, zur Form oder zur Nicht-Form gehören. Es gibt drei Arten dieser Verdunkelungen, und sie sind unterteilt in: die Anschauung, daß der Körper sich selbst gehöre, Skepsis und die Verhaftung an Gelübde und Rituale. Aus ihrer Zerstörung erwachsen die besonderen Tugenden des Edlen, und von dem Augenblick an, da diese Tugenden entstehen, gehört man zum Juwel des Saṃgha. Die Verdunkelungen, die auf dem Pfad der Einsicht zerstört werden, sind hinzugekommene Verdunkelungen, während die angeborenen Verdunkelungen von dieser Zerstörung noch nicht erfaßt werden. Zu diesem Zweck macht man sich, nachdem man dem Pfad der Einsicht bis zu seinem Ende gefolgt ist, an die Übung des gesamten Edlen Achtfachen Pfades, zusammen mit der Geist-Entwicklung zur Leere hin.

Der Edle Achtfache Pfad[78]
(ārya-aṣṭaṅgika-mārga)

Die acht Faktoren dieses Pfades sind folgende:

1. Vollkommenes Verstehen, bei welchem man zwei Stadien des Ārya-Pfades unterscheidet: samāhita-mārga, wenn man in einem Zustand der Sammlung die Vier Edlen Wahrheiten von Angesicht zu Angesicht erblickt; wenn man danach diese Erfahrung wieder vergegenwärtigt, um sie im täglichen Leben umzusetzen, so ist dies pṛsṭḥa-labdha-mārga.
2. Vollkommene Erforschung, wobei die Ursachen für die Realisierung der Leere und ihrer Eigenschaften untersucht werden. Die Leere ist die Essenz aller Reden des Buddha, und diese Untersuchung ermittelt die Art und Weise, in der sie anderen verständlich gemacht werden kann.
3. Vollkommene Rede. Obwohl die Leere nicht vielfältig ist und somit nicht in Worten ausgedrückt werden kann, kann man doch (aus praktischer Sicht) darüber reden. Die vollkommene Rede ist es, die bewirkt, daß andere durch Belehrung in Form von Rede und geschriebenem Wort von der nicht-vielfältigen Leere erfahren, so daß sie das vollkommene Verstehen erlangen können. Dies bedeutet zugleich die Befreiung von jeglicher falscher Rede[79].
4. Vollkommenes Handeln. Natürlich hat das Verhalten des Edlen immer mit dem Dharma in Übereinstimmung zu stehen, so daß dieser Faktor den Übenden in den reinen Geboten festigt. Man kann es auch »reines körperliches Handeln« nennen.
5. Vollkommenes Leben. Āryas oder Edle führen immer ein reines Leben, da es niemals mit falscher Lebenshaltung

vermischt ist. Das Verhalten der Edlen ist frei von unedlen körperlichen und verbalen Äußerungen wie etwa die Zurschaustellung von Tugenden vor anderen etc.

6. Vollkommenes Streben, eine Form der Geist-Entwicklung mittels der »denkenden Weisheit«, um die bereits realisierte Erfahrung der Leere weiterzuentwickeln.
7. Vollkommene Achtsamkeit. Wenn Āryas die Ruhe und Einsicht erlangen, sind die Haupt-Objekte ihrer Betrachtung und Erforschung die Vier Edlen Wahrheiten. Es ist die Aufgabe der vollkommenen Achtsamkeit, diese Objekte im Geist festzuhalten, auf daß diese Wahrheiten nicht wieder verlorengehen. Mit diesem Faktor wird der Verdunkelung, welche die Vergeßlichkeit verursacht, entgegengewirkt.
8. Vollkommene Sammlung. Dieser reine gesammelte Zustand des Geistes steht im Gegensatz zu (und befreit einen von) den Verdunkelungen des Absinkens und der Zerstreuung. Durch diese vollkommene Sammlung rückt man weiter und weiter vor auf dem Pfad.

Dieser Edle Achtfache Pfad kann in vier Teile aufgeteilt werden[80]: Abschneiden, Erkennen, Vertrauenerwecken und Überwinden. Auf diese Weise *schneidet* das vollkommene Verstehen die falschen Anschauungen ab und dringt zur Leere durch, und dies bildet den ersten Teil. Die vollkommene Erforschung verhilft dazu, andere die wahre Natur der Wirklichkeit *erkennen* zu lassen. Vollkommenes Reden, Handeln und Leben *erwecken das Vertrauen,* so daß andere sie ebenfalls üben. Die letzten drei Faktoren des Pfades, vollkommenes Streben sowie vollkommene Achtsamkeit und Sammlung, *überwinden* die geistigen Verdunkelungen.

Bhāvanāmārga ist der Pfad der Entwicklung. Durch beständige Übung des Edlen Achtfachen Pfades erreicht man den Pfad der Entwicklung, wo die Verdunkelungen, die durch die Geist-Entwicklung zerstörbar sind, tatsächlich zerstört werden. Der Prozeß, sie aufzugeben, hat zwei Methoden: die »allmähliche« und »die mit einem Schlag«. Mit der ersteren zerstört man allmählich erst die groben, dann die mittleren und die feinen Verdunkelungen, die mit dem Bereich des sinnlichen Vergnügens verbunden sind, dann jene, die zu den Versenkungen der Form gehören, und zuletzt die, welche in den Errungenschaften der Nicht-Form zu finden sind, die im Gipfel der Existenz enden. Mittels der letzteren Methode zerstört der, der diesen Pfad begeht, zuerst alle starken Verdunkelungen aller Bereiche, dann die mittleren und zuletzt alle feinen.

Wenn dieser Pfad zum Ende der Übung hin sehr kraftvoll wird, nennt man diese Erfahrung »die dem Diamanten gleichende Sammlung«. Diese Sammlung ist es, mit Hilfe derer man den Vimuktimārga oder den Pfad der Freiheit erreicht und damit ein Arhat wird.

DAS FAHRZEUG DER STILLEN BUDDHAS
(Pratyekabuddhayāna)

Der Übungsweg dessen, der ein Stiller Buddha (wörtlich: ein Buddha für sich selbst, das heißt, einer, der seine Erleuchtung nicht anderen mitteilen kann) werden will, ist dem oben beschriebenen sehr ähnlich, indem er ebenfalls fünf Pfade hat, wie der Übungsweg der Schüler. Der Unterschied liegt hier darin, daß über eine lange Zeit hin Verdienste aufgehäuft werden müssen, um den Erfolg zu gewährleisten, während die Verwirklichung der Erleuchtung mehr auf der Durchdringung des Abhängigen Entstehens als auf der der Vier Edlen Wahrheiten beruht.

DAS GROSSE FAHRZEUG
(Mahāyāna)

Es wird so genannt, weil man hier besonderen Nachdruck auf den Gedanken legt, alle Wesen von den Verdunkelungen zu befreien. Dieses Große Fahrzeug wird den Übungen entsprechend in zwei Arten eingeteilt: das Fahrzeug der Vollkommenheiten (pāramitāyāna)[81] und das Diamant-Fahrzeug (vajrayāna). Das letztere wird später unter einem eigenen Titel behandelt, wogegen wir hier in Kürze das erstere beschreiben wollen, das, wie das Fahrzeug der Schüler, fünf Pfade hat:

Sambhāramārga, der Pfad der Anhäufung, beginnt mit dem Entstehen von bodhicitta oder dem zum Erlangen der Erleuchtung entschlossenen Geist, dessen Ursache das Mitleid (karuṇā) ist. Es manifestiert sich in dem starken Verlangen, die Wesen vom Leiden zu befreien. In dem, der es erfährt, entsteht der Wunsch, die Bürde, alle Wesen zur Befreiung zu führen, auf seine Schultern zu nehmen[82]: Um diese Absicht in die Tat umzusetzen, wünscht solch ein edles Wesen ein Buddha zu werden. Dieser Wunsch, der frei ist von jeglichem falschen Schein, nach Möglichkeit ein Buddha zu werden, wird bodhicittotpāda (das Entstehen des bodhi-Geistes) genannt. Nachdem man diese Erfahrung gemacht hat, wird man bodhisattva genannt (ein Wesen, das dazu bestimmt ist, bodhi zu erlangen). In der Welt kann man auch als großes Wesen (mahāsattva) bekannt sein, als Sohn des Überwinders usw., wert, von allen Himmlischen und Irdischen verehrt zu werden. Sobald bodhicitta entsteht, ist man auf dem Pfad der Anhäufung, auf dem vielfältige Verdienste erworben[83] und viele der geistigen Verdunkelungen beruhigt werden. Dieser Pfad der Anhäufung hat drei Arten, nämlich schwach, mittel und stark. Wenn dieser Pfad stark geworden ist, erlangt man die vervollkommneten Stadien aller Versenkungen und kommt damit in den Besitz verschiedener psychischer Kräfte und Über-Erkenntnisse. Wenn der Bodhisattva diese besitzt, so ist es ihm ein leichtes, sich innerhalb der verschiedenen Buddhaländer zu bewegen, genauer, zu gehen, wohin er will, um den unzähligen Buddhas, die den Dharma lehren[84], seine Ehrerbietung darzubringen. Wenn also dieser Pfad stark geworden ist, erlangt ein Bodhisattva eine besondere Form der Sammlung, dank der Kraft, die ihn befähigt, in die verschiedenen Buddhaländer zu gehen und dort den tiefen und ausführlichen Lehren zu lauschen, wodurch er in die Lage versetzt wird, in gleicher Weise zu üben. Durch die Kräfte des Pfades der Anhäufung gewinnt ein Bodhisattva auch eine genaue Kenntnis aller dharmas.

Prayogamārga, der Pfad der Bemühung. Wenn der Bodhisattva die Vollkommenheit von Ruhe und Einsicht erlangt hat, welche die Leere zum Objekt haben, so ist dieser Pfad erreicht. Es gibt auch hier vier Hilfen zur Durchdringung, wie sie auf dem Pfad der Schüler zu finden sind. In diesen vier – Vorandrängen, Höhepunkte, Geduld und feine dharmas – macht er allmählich Fortschritte, während die Einsicht in die

Leere zunehmend klarer wird und der Dualismus von Subjekt und Objekt zu verschwinden beginnt, wobei zugleich die intellektuellen Vorgänge abgeschwächt werden. Durch seine Bemühung, in all seinen wachen Stunden sowohl Weisheit wie auch die geeigneten Mittel zu üben, hat der Bodhisattva keine Vorspiegelung der dharmas als etwas Substantielles, nicht einmal in seinen Träumen. In welchem Zustand er sie auch sieht, immer erkennt er, daß sie nicht-substantiell sind, daß sie kein ātman haben. Mit dieser Einsicht entwickelt er das Verlangen, allen Wesen den Dharma zu lehren. Indem er die Gipfel erreicht, wird ein Bodhisattva befähigt, die vier Arten von Hindernissen zu zerstören, die als Naturkatastrophen in Erscheinung treten, jeweils in Entsprechung zu den vier großen Elementen (Erde, Wasser, Feuer, Luft)[85], und er ist Herr über Krankheit und Unglück. Er ist auch fähig, Wesen zu besänftigen, die Leid über andere bringen[86]. Auch seine Rede wird vervollkommnet, das heißt, daß alle Hindernisse beschwichtigt werden, wenn er spricht. Nach dem Erlangen des Pfades der Bemühung ist die Erleuchtung des weisen Bodhisattva sicher, das bedeutet, daß er niemals zurückkehrt und nicht mehr vom Dharma abfallen kann. Es gibt gewisse Zeichen, die er zu diesem Zeitpunkt erfährt, genannt avaivartikaliṅga (die Zeichen der Unwiderruflichkeit), und er verfügt über so erstaunliche Tugenden, daß sie jenseits aller Beschreibung liegen.

Der dritte Pfad, der Pfad der Einsicht, eröffnet sich nach der Erfahrung der feinen dharmas, wenn die Leere ungehindert wahrgenommen wird. Auf diesem Pfad gibt es wieder die zwei Teile: das Erlangen der Erfahrung und das Zurückbringen, um sie im täglichen Leben anzuwenden, wobei ersteres wiederum zweigeteilt ist, in den »Pfad, der ohne Unterbrechung folgt«, und zwar auf den Pfad der Bemühung und die feinen dharmas, und zweitens der »Pfad der Freiheit«. Auf dem ersteren werden die Verdunkelungen zerstört, und durch den zweiten wird die Freiheit erlangt. Wer bis zur Ebene dieses Pfades geübt hat, ist frei von den Wirkungen des Karma wie von der Verunreinigung durch die Verdunkelungen und somit von duhkha befreit, das üblicherweise mit Geburt und Tod verbunden ist. Als Folge davon erlangt man eine Art der Sammlung, die alle-dharmas-als-Glück-erfahren genannt wird, wobei alle unangenehmen Gefühle nicht länger als solche erfahren werden. Der Arya, der diese Sammlung erlangt hat, leidet nicht einmal mehr unter Ursachen, die normalerweise großes Leiden erzeugen, wie Feuer, Waffen oder Gift, und er ist immer fähig, Glück zu empfinden[87].

Der vierte Pfad ist der Pfad der Entwicklung. Auf diesem Pfad befinden sich die zehn Ebenen, die ein Bodhisattva zu überwinden hat, um nach dem Erreichen der zehnten die vollkommene Erleuchtung zu erlangen. Die zehn Ebenen sind folgendermaßen eingeteilt:

1. Das Freudige
2. Das Reine
3. Das Lichtbringende
4. Das Strahlende
5. Das Unüberwindliche
6. Das Vorwärtsbringende
7. Das Weitausholende
8. Das Unerschütterliche
9. Das Segensreiche
10. Die Wolke des Dharma

Die Zeitdauer, die ein Bodhisattva auf jeder dieser Ebenen verbringt, kann außerordentlich lang sein, wobei er unzählige Leben auf dem Weg zur Buddhaschaft durchlebt. Er hat viele Gelegenheiten, einer großen Zahl von Buddhas zu begegnen und ihren Lehren zu lauschen, was sein Vorankommen durch diese Ebenen fördert. Während dieser langen Zeit bereitet er andere Menschen mit Hilfe der vier Grundlagen der Sympathie: Geben, freundliche Rede, segensreiches Verhalten und Unparteilichkeit[88] für die Erleuchtung vor. Jede der Ebenen hat ihre eigenen besonderen Merkmale, die wir jedoch hier in diesem einführenden Werk nicht besprechen wollen. Es genügt zu sagen, daß mit dem Vorwärtskommen die erworbenen Tugenden größer und immer edler werden. Eine klare Vorstellung von diesen Kräften zu bekommen, liegt jenseits der Bereiche des Denkens. Nachdem er durch alle diese Ebenen hindurchgegangen ist, erreicht ein Bodhisattva unter Umständen die Wolke oder Hohe Region des Dharma, in welcher der Strom selbst der feinsten Behinderungen der Erkenntnis von vajropama-samādhi abgeschnitten wird, von der Sammlung, die dem Diamanten gleicht. Dies ist das letzte Stadium des Werdens, und wenn der Bodhisattva sich darüber erhebt, erreicht er die Buddhaschaft. Die Tugenden eines Buddha, welche die höchsten und von großer Vielfalt sind, werden später besprochen.

DAS DIAMANT-FAHRZEUG
(Vajrayāna)

Dieses Fahrzeug ist noch weit überragender als das zuvor besprochene Fahrzeug der Vollkommenheiten, obwohl die Zielsetzung beider dieselbe ist, das heißt, die Buddhaschaft zu erlangen, denn in diesem letzten Ziel kann es keine Unterschiede geben. Ein großer Unterschied findet sich jedoch im Hinblick auf die geeigneten Mittel, die von den beiden Fahrzeugen zum Erlangen der Buddhaschaft eingesetzt werden.

Wenn man die zwei Aspekte des Buddhakörpers, der die Folge der Übung auf dem Pfad des Diamant-Fahrzeugs ist, betrachtet, so wird der Unterschied deutlich. Diese zwei Aspekte werden Dharmakāya (Wirklichkeits-Körper) und Rūpakāya (Form-Körper) genannt, und während beide Fahrzeuge darin übereinstimmen, die Ursache für den ersteren zu bilden, so gibt es doch einen bestimmten Unterschied, was den letzteren betrifft. Der Dharmakāya hat als spezifische Ursache die Weisheit des bodhicitta, die zur Leere durchdringt, und diese ist auch die unterstützende Ursache für die Schaffung des Rūpakāya. Betrachtet man die spezifische Ursache des letzteren, so läßt sich ein fundamentaler Unterschied erkennen, da das Paramitāyāna davon ausgeht, daß er lediglich die Folge des bodhicitta und der Anhäufung der sechs Vollkommenheiten[89] sei, während das Vajrayāna ihn auf die grundlegenden geeigneten Mittel zurückführt. Aufgrund dieses Unterschieds der angewandten geeigneten Mittel verlangt der Verlauf der Übung des Pāramitāyāna einen Aufwand an Mühe in einer ungeheuren Zahl von Leben über Äonen von Zeit hinweg, und somit ist es entsprechend diesem Fahrzeug unmöglich, innerhalb eines Lebens ein Buddha zu werden. Im Vajrayāna dagegen – vorausgesetzt, daß man einen guten Lehrer hat und die Fähigkeiten reif sind – kann man innerhalb weniger Jahre der Mühe die Buddhaschaft erlangen[90].

Die spezifische Ursache für den Rūpakāya sind, wie wir oben feststellten, im Vajrayāna die grundlegenden geeigneten Mittel, die mit Hilfe von devayoga[91] in den vier Klassen des Tantra[92] vervollkommnet werden. Diese vier sind entsprechend der stumpfen oder scharfen Intelligenz der auszubildenden Schüler abgestuft, und darüber hinaus gibt es noch weitere Unterteilungen; die tatsächlich begangenen vorgeschriebenen Übungswege sind zahllos. Ihre Eigenart, ihre Darstellung und die Methoden der Erklärung wie auch ihre verschiedenen Arten von Früchten variieren entsprechend den übenden Personen und den Fähigkeiten, die sie besitzen. Die Einzelheiten dieser Übungswege werden vom Lehrer persönlich an die von ihm angenommenen Schüler weitergegeben[93]. Diese Schüler haben ihren Geist durch den Vollzug eines Weihe-Zeremoniells gereinigt, womit sie dem Kreis derer beigetreten sind, die das Diamant-Fahrzeug praktizieren. Da diese Weihe und Übung etwas ganz Persönliches sind, wollen wir diese Dinge hier nicht ausführen; was folgt, ist lediglich eine kurze Zusammenfassung der Vajrayāna-Praxis. (Wegen der engen Beziehung zwischen Lehrer und Schüler können hier keine Einzelheiten erläutert werden.)

Ein Mensch, der den Weg der Tantrischen Unterweisung gehen möchte, muß zuerst von Loslösung der Verhaftung und von Verzicht erfüllt sein, welche die allgemeine Grundlage aller Übungswege des Buddhadharma sind[94]. Er sollte auch von bodhicitta durchdrungen sein[95]. Ist er gut vorbereitet, so begibt er sich zu einem Lehrer, der alle Kennzeichen der

Eignung[96] besitzt, und bittet ihn bescheiden um die Weihe und um die Initiation in den Kreis seiner Schüler, die Vajrayāna üben. *Nachdem er die Weihe empfangen hat, sollte er alle Regeln genau befolgen, da es nur auf der Basis tugendhaften Verhaltens (śīla) möglich ist, auf dem Pfad voranzukommen*[97].

Während man den Pfad der Tantras übt, sollte man seine Aufmerksamkeit erstens auf avabhāsa-pakṣa und zweitens auf śunyatā-pakṣa richten. Ersteres, das man mit »Flügel des Glanzes« übersetzen kann, bedeutet, daß der Geist auf einen Punkt gerichtet wird, und zwar in diesem Fall auf die bildliche Form des himmlischen Wesens[98], dessen Übung (Visualisation) man sich unterzieht. Dadurch erreicht man den Rūpakāya eines Buddha. Das zweite, »Flügel der Leere« genannt, ist die Erfahrung, nichts anderes als die Leere zu sehen. Dies ist ein ganz besonderes Stadium, in welchem man die Erleuchtung erfährt, und es wird auch Mahāmudra (das Große Symbol) genannt. Um den Geist in diesem Stadium verharren zu lassen, benötigt man die Unterstützung durch bestimmte geeignete Mittel, wobei man die Kanäle (der spirituellen Kräfte, nadi) und die »Lüfte« (die spirituellen Kräfte selbst, prāṇa) erkennt. Durch diese Erkenntnis und Übung gewinnt man den Dharmakāya eines Buddha.

So tragen diese Flügel den Übenden wie einen Vogel, der durch die freien Räume fliegt, zur Buddhaschaft.

DIE KÖRPER EINES BUDDHA
(buddha-kāya)

Wie in den vorangegangenen Kapiteln festgestellt, wird die Frucht der Buddhaschaft mit Hilfe des Pfades erlangt, der in den Sūtras und Tantras niedergelegt ist. Das vorliegende Kapitel soll einen Umriß der Bedeutung der Buddhaschaft geben im Hinblick auf die verschiedenen von Buddhas gebrauchten Körper, während im nachfolgenden Kapitel die Tugenden (guṇa) des Geistes, der Rede und des Körpers eines Buddha dargestellt werden.

Ein Buddha verfügt über vier Körper, und sie werden hier in folgender Reihenfolge erklärt[99]:

1. Selbstexistierender Körper
2. Dharma- oder Wirklichkeits-Körper
3. Körper der Entzückung
4. Geschaffener Körper

Der erste kann unter zwei Aspekten betrachtet werden, die uns helfen, zugleich auch die Natur des Dharmakāya zu verstehen. Der erstere ist der reine Dharma-Körper, der durch die Zerstörung der hinzugekommenen Verdunkelungen erlangt wird, während der zweite als »der reine, selbst-existente Dharma-Leib« übersetzt werden kann. Was den ersteren betrifft, so wurde bereits erklärt, daß auf der zehnten Ebene, genannt »Wolke des Dharma«, die Sammlung, die dem Diamanten gleicht, entsteht, mit deren Hilfe alle Behinderungen der tiefen Erkenntnis für immer zerstört werden. Damit wird augenblicklich der Eintritt in Vimuktimārga (Pfad der Freiheit) erfahren, auf welchem es keine Hemmung durch Verdunkelungen gibt, die noch zerstört werden müßten. Diese beiden Formen von Behinderungen werden hinzugekommene Verdunkelungen genannt, und wenn diese zerstört sind, so erlangt man den āgantuka-viśuddha-dharmakāya.

Der Geist der Wesen ist in Wirklichkeit immer leer, da er keine Selbst-Natur besitzt. Dieses natürliche Leer-sein des Geistes wird abwechselnd der »Stamm des Selbst-Existenten«, »Stamm der Buddhas«, »Same der Buddhas« oder »Schoß der Tathāgatas« genannt, wobei man vor allem die letzte Bezeichnung in vielen Mahāyāna-Schriften findet. Dieser Buddha-Stamm existiert im Geist aller Wesen, und aus diesem Grund sind alle Wesen in der Lage (das heißt, allen sind angemessene Bedingungen gegeben), die Buddhaschaft zu erlangen.

Nachdem ein Bodhisattva nach der Vollendung seines Übungsweges das letzte Stadium erreicht hat, in welchem der Geist frei ist von den hinzugekommenen Hindernissen, wird ihm die Erkenntnis der Nicht-Substanz offenbar. Diese kann in einem falschen Stadium des Geistes, in dem ständig die hinzukommenden Verdunkelungen entstehen, nicht vorhanden sein, sondern findet sich nur im wahren Stadium der Buddhaschaft. Sie ist nicht vergänglich, nicht von Ursache und Wirkung bedingt, nicht zusammengesetzt und darum unwandelbar. Wenn alle dharmas, die sowohl mit dem Auge der relativen wie auch mit dem der Absoluten Wirklichkeit erkannt werden können, deutlich gesehen werden, so nennt man dies den Dharmakāya oder die allwissende Erkenntnis. Obwohl er eines ist und nicht vielfältig, kann er doch auf verschiedene Weise gesehen werden, z. B. vom Standpunkt der siebenunddreißig Flügel der Erleuchtung[100] aus oder im Licht der Gruppe der einundzwanzig unbefleckten Erkenntnisse (siehe unten die Tugenden des Buddha-Geistes).

Nun kommen wir zur Erklärung des Körpers der Entzückung (Sambhogakāya). Ich sagte bereits, daß es zehn Ebenen gibt, die ein Bodhisattva zu durchqueren hat. Von der achten Ebene an, die »unerschütterlich« genannt wird, gibt es eine besondere Art der Entwicklung, und die Vollkommenheiten, die auf diesen Ebenen eingesetzt werden, nennt man die Bemühung um das Reine Land. Durch diese Übung erlangt man den Körper und den Geburtsort eines zukünftigen Buddha. Die achte bis zehnte Ebene werden die reinen Ebenen genannt, da auf diesen Ebenen der Geist nicht nach einer Selbst-Natur greift. Diese Übung ist die primäre Ursache für den Körper der Entzückung, da die Wurzeln des Geeigneten so weit gereift sind, um den Geburtsort zu sichern. Der Körper der Entzückung manifestiert sich in der »Wolken-Region im Lande der Höchsten«, und ein Bodhisattva tritt in diesem Land* erstmalig in die Buddhaschaft ein. In diesem Stadium der Buddhaschaft gibt es fünf festgelegte dharmas: Ort, Körper, Gefolge, der von ihm gelehrte Dharma und die Zeit – alle diese sind völlig sicher. Der Körper der Entzückung entsteht ausschließlich in diesem Land, und aus diesem Grund heißt es, daß der Ort festgelegt ist. Die Festlegung des Körpers besagt, daß er die dreiunddreißig großen und achtzig geringeren Kennzeichen eines großen Wesens besitzt. Das festgelegte Gefolge bedeutet, daß nur edle Bodhisattvas hier zu finden sind, und die Festlegung des Dharma weist darauf hin, daß immer das Große Fahrzeug gelehrt wird. Solange der Kreislauf (samsāra) existiert, zeigt sich keine Veränderung des Körpers wie Alter, Tod usw. Der Körper, der von diesen fünf festgelegten dharmas erfüllt ist,

* »Land« ist die Umschreibung für Bewußtseins-»Ort«. Anm. d. Übers.

wird »Körper der Entzückung« genannt, und er ist außerdem die Basis für den »geschaffenen Körper«.

Diesen nennt man Nirmāṇakāya, und er wird nicht von den fünf festgelegten dharmas beherrscht, ist jedoch für gewöhnliche Menschen sichtbar. Drei Aspekte werden dabei unterschieden:

Der erste von diesen, der höchste geschaffene Körper, ist direkt mit dem Körper der Entzückung verbunden. Er wird in verschiedenen Welten – wie in Jambūdvīpa[101] – geboren und besitzt ebenfalls die großen und geringeren Kennzeichen eines großen Wesens, wie sie bei Śākyamuni zu finden waren. Ebenso erscheinen im Leben eines Buddha zwölf große Ereignisse, die den Menschen zum Wohle dienen und die ausgebildet werden können. Sie manifestierten sich im Leben des Śạkyamuni (wie das Verlassen des Tuṣita-Himmels, Eintritt in den Mutterleib, Geburt aus der Seite der königlichen Mutter, Erkenntnis des Leidens, Übung der Kasteiung, der Weg zum Bodhi-Baum, Unterwerfung Māras, Erlangen der Erleuchtung, Ingangsetzen des Rades des Dharma und das große vollständige Erlöschen – Mahāparinirvāṇa)[102].

Der zweite Aspekt des geschaffenen Körpers ist eine besonders geschaffene und außerordentlich geartete Form. Ein Beispiel hierfür erscheint in der Geschichte vom stolzen Gandharva, dem himmlischen Sänger, der von Śākyamuni überwunden wurde, indem dieser sich als ein Meister der Laute erwies[103].

Der dritte Aspekt des geschaffenen Körpers bedeutet, daß ein Buddha in der Form anderer Wesen geboren werden kann, wie zum Beispiel der Buddha Śākyamuni vor seiner Geburt als Sohn des Königs Śuddhodana als ein himmlisches Wesen im Tuṣita-Himmel unter dem Namen Sacchavetaketu geboren wurde[104].

Von den obengenannten Körpern können der Svabhāvakāya und der Dharmakāya von gewöhnlichen Menschen nicht gesehen werden, während der Sambhogakāya und Nirmāṇakāya entsprechend den Verdiensten wahrgenommen werden können, und darum sind diese letzteren zwei unentbehrlich für das Wohl der Welt.

Die vier Körper können auch als drei gedacht werden, da Svabhāvakāya und Dharmakāya gemeinsam als Dharmakāya bezeichnet werden, wobei diese drei noch weiter zu zweien zusammengefaßt werden können, indem man Sambhogakāya und Nirmāṇakāya zusammennimmt und beide als Rūpakāya (Form-Körper) betrachtet.

DIE TUGENDEN EINES BUDDHA
(Buddhaguṇa)

Ein Buddha hat im Aspekt des Form-Körpers eine Vielzahl von Tugenden, doch können diese alle unter vier Rubriken zusammengefaßt werden: die des Körpers, die der Rede, die des Geistes und die des Karma. In der folgenden Darstellung werde ich sie nur in Kürze erklären:

Körperliche Tugenden. Die zweiunddreißig Kennzeichen eines großen Wesens, wie das Goldene Rad auf der Innenseite des Fußes, und die achtzig geringeren Kennzeichen, wie die kupferroten Nägel, befinden sich unter den körperlichen Tugenden. Durch den Anblick des damit geschmückten Körpers werden die Wurzeln der Erleuchtung in den Wesen gefestigt. Die körperliche Form unerleuchteter Wesen, der ein »Daseinsfaktor-mit-Befleckung« ist, besitzt nie die zweiunddreißig und achtzig Kennzeichen, die nur in einer Form auftreten, welche das All-Wissen verkörpert. Jedes dieser Kennzeichen kann bis zum letzten Haar zur wahren Erkenntnis jeder erkennbaren Sache durchdringen.

Nebenbei kann ein Buddha viele Arten körperlicher Manifestationen in den verschiedenen Welt-Systemen entfalten. In einem Buddhareich kann er seine Geburt stattfinden lassen, in einem anderen das Rad des Dharma in Bewegung setzen, in wiederum einem anderen der Bodhisattva-Laufbahn folgen, während man ihn in einem vierten das »große vollständige Erlöschen« vollziehen sieht; durch solche Taten werden die Wesen, die aufnahmefähig sind, auf den wahren Pfad geleitet. Es heißt, daß Buddhas die Körper und Taten aller Buddhas der Vergangenheit, Gegenwart und Zukunft mit jeder Pore ihres Körpers darstellen und die ganze Reihe ihrer eigenen Leben entfalten können.

Verbale Tugenden. Eines Buddhas Rede wird freundlich, ansprechend und segensreich genannt, weil sie die Wurzeln des Geeigneten sät und wachsen läßt, jeweils in Entsprechung zu den Fähigkeiten der individuellen Wesen[105]. Sie wird mild genannt, weil vom Hören dieser Rede der Geist von Freude durchdrungen wird. Sie wird auch kenntnisreiche Rede genannt, weil mit ihrer Hilfe die Zweifache Wirklichkeit und das Abhängige Entstehen verstanden werden können. Es heißt auch, sie sei geist-entzückend, weil sie den Dharma in aller Klarheit ausdrückt. Solcherart gibt es vierundsechzig Tugenden, die zu eines Buddha Rede gehören, und sie werden zusammen brahmasvāra, göttlicher Klang, genannt und finden sich in jeder Rede, jedem Satz, jedem Wort. Die größte besondere Eigenschaft ist die, daß, wenn ein Buddha lehrt, die Himmlischen, die Schlangenwesen und Dämonen, himmlische Sänger und alle Geschlechter der Menschen ihn in ihren eigenen Sprachen verstehen. Diese sind einige der Tugenden der Rede eines Buddha.

Geistige Tugenden. Diese sind grundsätzlich von zweierlei Art: jene, die zur Weisheit gehören, und jene, die zum Mitleid gehören. Wie oben im Abschnitt über den Dharmakāya ausgeführt, gibt es einundzwanzig unbefleckte Erkenntnisse, unter denen einige von Schülern und Stillen Buddhas geteilt werden, während die übrigen nur den vollkommen Erleuchteten eigen sind. Hier wollen wir, indem wir jene übergehen, die für die Erleuchtung der ersteren zwei üblich sind, nur die besprechen, welche die vollkommenen Buddhas besitzen. Es gibt erstens die *zehn Kräfte* eines Buddha[106]:

I.

1. Diese Erkenntnis weiß um die Ursachen, die ein entstandenes Phänomen schaffen, wie auch um die Ursachen, die kein bestimmtes Ding schaffen.
2. Mit Hilfe dieser Erkenntnis sieht ein Buddha das Geeignete, Ungeeignete und andere Gruppen des Karma und ihrer Folgen, wie sie verübt werden und wie sie jene beeinflussen, die sich damit eingelassen haben.
3. Diese Erkenntnis entsteht in einem Buddha, der die Versenkungen der Form und der Nicht-Form zu seiner Grundlage gemacht hat und somit die feinsten Unterschiede der verschiedenen Stadien und Befreiungen zu erkennen vermag.
4. Durch diese Erkenntnis sieht ein Buddha die scharfen, mittelmäßigen und stumpfen Fähigkeiten erkenntnisfähiger Wesen.
5. Mittels dieser Erkenntnis sieht ein Buddha bei den verschiedenen erkenntnisfähigen Wesen deren individuelle Neigungen, die von Gier, Abneigung und Täuschung beeinflußt sind.
6. Ein Buddha weiß mittels dieser Erkenntnis um die Zerlegung der dharmas in die achtzehn Elemente (siehe Daseinsfaktoren, Wahrnehmungsfaktoren und Elemente).
7. Von den niedersten Stufen der Stadien der Entbehrung bis hinauf zum Gipfel der Existenz gibt es viele Ebenen, »bhūmi« genannt, während jenseits dieses Werdens der Bereich und die Freiheit der Āryas liegt, und von allen diesen, seien sie weltlicher oder überweltlicher Art, hat ein Buddha Kenntnis.
8. Durch diese Erkenntnis sehen die Buddhas die vergangenen Leben der Wesen.

9. Tod und Geburt der Wesen in der Entsprechung zu ihrem Karma sind einem Buddha durch diese Erkenntnis bekannt.
10. Ein Buddha erleidet keine Behinderung durch die Verdunkelungen und weiß somit um seine eigene und anderer Zerstörung der Befleckungen (āśrava, durch Sinnlichkeit, Existenz, Nichtwissen und Anschauungen), jetzt wie in der Zukunft.

II. Eine weitere wichtige Gruppe geistiger Tugenden ist das *vierfache Vertrauen* eines Buddha (caturvaiśāradya)[107]. Ein Buddha hat, während er lehrt oder bei jeder körperlichen oder verbalen Aktion, vollkommenes Vertrauen ohne Zögern oder Angst vor Kritik und wird aus diesem Grund »Inhaber des Höchsten Vertrauens« genannt. Im Fall unseres verehrten Buddha Śākyamuni gibt es vier Erklärungen, die ein Buddha mit Höchstem Vertrauen abgibt:

1. Buddha erklärte: »Ich bin hinsichtlich aller dharmas zur Erleuchtung durchgedrungen«, und dabei befürchtete er keinerlei vernunftbegründete Verurteilung von seiten derer, die ihn widerlegen wollten.
2. Buddha erklärte: »Ich habe die Zerstörung aller Befleckungen erreicht«, und dabei befürchtete er keinerlei vernunftbegründete Verurteilung von seiten derer, die ihn widerlegen wollten.
3. Buddha erklärte: »Ich habe die behindernden dharmas (wie Gier, Abneigung und Täuschung) als Behinderungen aufgezeigt«, und dabei befürchtete er keinerlei vernunftbegründete Verurteilung von seiten derer, die ihn widerlegen wollten.

4. Buddha erklärte: »Ich habe (das vollkommene Verstehen der Vier Edlen Wahrheiten als) den Pfad der Übung, der hinausführt (aus duhkha zu Nirvāṇa) aufgezeigt.« Buddha erläuterte diesen Weg aus Mitleid für alle erkenntnisfähigen Wesen. Dabei befürchtete er keinerlei vernunftbegründete Verurteilung von seiten derer, die ihn widerlegen wollten.

III. Eine weitere Gruppe geistiger Tugenden wird als die drei *Ungestörten Wahrnehmungen*[108] bezeichnet, was bedeutet, daß der Geist des Buddha, während er lehrte, in dreierlei Hinsicht ungestört war:

1. Buddha hatte, während er lehrte, einen Geist voller Gleichmut (ohne Verhaftung) gegenüber den Schülern, die ihm mit Achtung und Vertrauen im Herzen lauschten.
2. Gegenüber denen, die nicht mit Achtung und Vertrauen lauschten, hatte Buddha ebenfalls einen Geist voller Gleichmut (ohne Mißfallen).
3. Wenn er eine gemischte Hörerschaft von solchen, die gut zuhörten, und solchen, die nicht aufmerksam waren, belehrte, so entstand in Buddha keine Bevorzugung der ersteren und kein Mißfallen gegenüber letzteren, da der Gleichmut des Geistes stets erhalten blieb.

IV. Dann gibt es eine Gruppe der drei *Unversteckten dharmas*[109]. So, wie der Buddha nichts Tadelnswertes durch die Pforten des Körpers, der Rede oder des Geistes unternahm, so gab es in ihm auch keinen Gedanken daran, irgendeine seiner Handlungen zu verstecken mit der Überlegung: »Andere sollen davon nichts wissen.« Seine Aktionen durch die drei Pforten, die offen und unverhohlen sind, werden die drei unversteckten dharmas genannt.

V. Die *Abwesenheit der Vergeßlichkeit* ist eine weitere der geistigen Tugenden. Das bedeutet, daß Buddha immer der Personen, der Zeit und der Orte gewahr ist, wo und wann einem Wesen Hilfe zu leisten ist, und dank diesem Wissen nähert er sich ihm zur rechten Zeit und am rechten Ort, um den Dharma in geeigneten Worten mitzuteilen.

VI. Eine andere Art geistiger Tugenden, die erwähnt werden sollte, bedeutet, daß im Geist eines Buddha alle Neigungen, die zu den zwei Arten der Behinderungen gehören, völlig zerstört sind.

VII. Das *Große Mitleid* bedeutet, daß im Buddha-Geist nur der eine Gedanke gepflegt wird: »Auf wen kann ich einwirken und ihn auf den rechten Weg (des vollkommenen Verstehens) bringen?«

VIII. Nun sollten wir eine sehr wichtige Gruppe von dharmas betrachten, die als die achtzehn *Besonderen Tugenden eines Buddha* bekannt sind. Diese finden sich weder bei den Schülern noch bei den Stillen Buddhas, sondern sind eine Besonderheit der Vollkommenen Buddhas. Unter ihnen gibt es vier Kategorien, wobei sechs Tugenden unter die Kategorie des Verhaltens fallen, sechs unter die der Erleuchtung, drei unter die des Karma und die letzten drei unter die der Erkenntnis.

1. Für den Tathāgata gibt es keine Angst vor Räubern, Tieren etc., je nachdem, ob er in der Stadt oder im Wald lebt.
2. Ein Buddha lacht oder beschwert sich nicht bei Anlässen wie etwa dem Finden oder Verlieren des Weges. Er macht niemals kindischen Lärm oder Geschrei.
3. Er vergißt nie, was zu tun ist, weder Zeit noch Ort, sondern vollbringt alles zur rechten Zeit.
4. Ob er sich in Versenkung befindet oder nicht, so ist sein Geist doch immer in der Leere verankert.
5. Er nimmt keine Notiz von dem Unterschied zwischen der entstellten Qualität des Samsāra und dem Frieden des Nirvāṇa, da er nicht in dieser Weise begrifflich festgelegt ist.
6. Er ist nicht von gedankenloser Gleichgültigkeit gegen die Unterweisung, wenn der rechte Ort, die rechte Zeit und die rechte Person gegenwärtig sind. Die obengenannten sechs besonderen dharmas fallen unter die Kategorie des Verhaltens.
7. Er wünscht immer, daß der Regen seiner Freundlichkeit und seines Mitleids gleichmäßig und beständig auf alle leidenden Wesen herniederfalle.
8. Obwohl es so zahllose Buddhaländer wie Sandkörner am Ganges gibt, sind die Buddhas so energievoll, daß, wenn auch nur eine Person gefördert werden kann, sogleich einer von ihnen seine Hilfe leistet, ohne daß im geringsten Energie verlorengeht.
9. Er ist immer in der Lage, sich an die geistige Arbeit anderer zu erinnern und kennt die geeigneten Mittel, um sie auf dem Weg zu festigen, womit er zeigt,

daß ein Buddha nicht unter dem Abnehmen seiner Erinnerungskräfte leidet.

10. Er verfügt über einen immerwährend konzentrierten und in der Essenz aller dharmas (in der Leere) ruhenden Geist. Aufgrund dieser Tugend ist er niemals von diesem Hindurchdringen zur Natur der Wirklichkeit getrennt.

11. In den Wesen gibt es viele Verdunkelungen, zu deren Zerstörung ein Buddha mit Hilfe seiner Weisheit die 84 000 Teile des Dharma erklärt. Doch wird dabei seine Weisheit nicht erschöpft.

12. Ein Buddha hat die Freiheit erlangt, in welcher alle Behinderungen zum Stillstand kommen, und er kann niemals wieder aus diesem Stadium der Freiheit herausfallen.
Diese sechs besonderen dharmas gehören zur Kategorie der Erleuchtung (bodhi).

13. Das Aussenden von Lichtstrahlen aus dem Körper und die dauernde Achtsamkeit in den vier Positionen – Gehen, Stehen, Sitzen, Liegen – bilden das körperliche Karma eines Buddha.

14. Dank der Erkenntnis der verschiedenen Neigungen der Wesen lehrt ein Buddha den Dharma in angemessener Weise. Dies ist das Karma der Rede eines Buddha.

15. Das geistige Karma eines Buddha ist das ununterbrochene Verweilen in Freundlichkeit und Mitleid.
Die oben beschriebenen dharmas gehören zur Kategorie des Karma.

16.–18. Die letzten drei umfassen eines Buddha unbehinderte Durchdringung der dharmas der Vergangenheit, der Gegenwart und der Zukunft, ohne an eines davon verhaftet zu sein. Diese drei, welche die Erkenntnis aller Zeiten betreffen, gehören zur Kategorie der Erkenntnis (jñāna).

IX. Die Allwissende Erkenntnis[110]. Hier bezeichnet das Wort »sarva« die Daseinsfaktoren, die Wahrnehmungsfaktoren und die Elemente, da es außer diesen keine anderen dharmas gibt. Ein Buddha erkennt sie in direkter Weise, ohne Reflexion oder Spekulation. Dies wird die Allwissende Erkenntnis genannt, und da er Alles weiß, nennt man ihn den All-Wissenden. Hinsichtlich dieses Wissens hat er unbegrenzte und wahrhaft schwer zu beschreibende Tugenden.

Ich sagte oben, daß die geistigen Tugenden eines Buddha von zweierlei Art sind: die zur Erkenntnis gehörenden und die zum Mitleid gehörenden. Von den oben ausgeführten neun Gruppen befinden sich einundzwanzig Tugenden auf der Seite der Erkenntnis (alle in Gruppe I, II und III plus die letzten drei in VIII und IX). Wir fahren nun fort mit der Erläuterung des Großen Mitleids.

Der Weg vom Pfad der Anhäufung bis zur diamantgleichen Sammlung des Pfades der Entwicklung wird einfach der Pfad der Übung genannt, da auf allen diesen Ebenen ein Bodhisattva zu seinem ununterbrochenen Fortschritt des Übens bedarf. Während er auf diesem Pfad der Übung voranschreitet, entwickelt er beharrlich das Große Mitleid und dient auf diese Weise sowohl den anderen Wesen wie seinem eigenen Streben nach Buddhaschaft. Mit der vollen Entfaltung dieses Großen Mitleids wird auch die vollkommene Erleuchtung erreicht, weshalb Buddha der »Große Mitleidsvolle« genannt wird. Was nach diesem Ziel kommt, nennt man auch den Pfad der Nicht-Übung, das heißt, daß nun keine Mühe mehr zur Übung benötigt wird. Das Mitleid fließt auf natürliche Weise und ohne Anstrengung, wenn ein Erleuchteter die wahrhaft zahllosen Leiden der Wesen sieht. Sowohl die Wesen wie auch ihre vielfältigen Erfahrungen des duhkha sind allzu zahlreich, als daß man sie zählen könnte, da duhkha so wenig begrenzt ist, wie der Himmel Grenzen hat. Ob in der Vergangenheit, in der Gegenwart oder unter Wesen, die in der Zukunft entstehen – allen ist duhkha in dieser oder jener Form gewiß. Ein Buddha, der um alle diese Wesen weiß, macht sie zum Objekt seines Großen Mitleids und strahlt dieses mühelos beständig aus, so daß er der Welt ohne jede Einschränkung zum Segen dient.

Nachdem wir nun diese drei Arten der Buddha-Tugenden besprochen haben, kommen wir zur vierten und letzten Gruppe.

Karma-Tugenden. Die höchsten und außerordentlichsten Tugenden eines Buddha können in zwei Kategorien eingeteilt werden: nicht-überlegtes Karma und nicht-unterbrochenes Karma.

Das erstere, wörtlich »eine Handlung, die nicht überlegt wurde«, bedeutet das, was mühelos geschieht, oder die Handlung, die im Einklang mit der Natur der Umstände vollzogen wird. Obwohl man sehen kann, daß ein Buddha die vier Positionen (des Körpers) und die psychischen Kräfte übt, hat er es doch nicht nötig, dabei die geringste Anstrengung aufzuwenden. Wenn er sie dennoch sichtbar sein läßt, so steht dahinter die Absicht, daß erkenntnisfähige Menschen durch diesen Anblick das Entstehen von bodhicitta erleben.

Im Geist eines Tathāgata entsteht niemals der Gedanke: »Ich werde dieser oder jener Person diese oder jene Art des Dharma lehren«[111], denn entsprechend den Anlagen der erkenntnisfähigen Menschen entströmen ihm die Lehren auf ganz natürliche Weise. Dies ist eine besondere Eigenschaft dieser Art von Karma.

Es entsteht im Geist eines Buddha auch kein Gedanke daran, daß er den Wesen in der Welt Heil bringen solle, denn allein dank der Tugenden seines großen Mitleids festigt er die geeigneten Wurzeln in den Menschen und gereicht ihnen dadurch auf dem weltlichen und auf dem überweltlichen Weg zum Segen. Dies ist eine andere besondere Eigenschaft seines mühelosen Karma.

Man muß verstehen, daß den körperlichen oder verbalen Aktionen gewöhnlicher Menschen mit Sicherheit Überlegungen vorangehen, welche dann die Ausführung nach sich ziehen. Genaugenommen können ohne diese vorausgehenden Überlegungen keine absichtlichen Aktionen durchgeführt werden. Nun ist es aber so, daß für den, der übt und auf dem Pfad der Übung voranschreitet, der Umfang dieser vorausgehenden Überlegungen ständig abnimmt, und zwar in dem Maße, in dem er auf den verschiedenen Ebenen Fortschritte macht. Bis zur achten Ebene finden sich diese vorausgehenden Überlegungen noch in grober Form, doch von der achten bis zur zehnten Ebene werden die groben Reflexionen beruhigt und entstehen nicht länger (so etwa, wenn ein Bodhisattva andere belehrt). Auf diese Weise wird das Gute in der Welt auf den letzten drei Ebenen mühelos erlangt, obwohl vor der Vervollkommnung des körperlichen und verbalen Karma die feinen Überlegungen noch weiter fortleben und man sie darum unmöglich als »nicht-überlegt« bezeichnen kann. Solange die Behinderungen der Erkenntnis noch vorhanden sind, finden sich auch noch Überlegungen feiner Art, die einer Aktion vorangehen; wenn jedoch diese Behinderungen bis zur zehnten Ebene vollständig zerstört worden sind, gibt es nichts mehr, was die Flut des nichtüberlegten Karma einschränkt.

Die zweite der Karma-Tugenden, die ununterbrochene genannt, heißt so, weil der Fluß der Handlungen eines Buddha ohne jede Unterbrechung verläuft. Um das klarzumachen, sollten wir den Pfad der Übung vom Standpunkt der zwei Bürden aus betrachten, die von einem Bodhisattva angehäuft werden. Diese sind die Bürden der Verdienste und der Erkenntnis. Unter der ersten Bürde sind fünf der sechs Vollkommenheiten gruppiert, während die sechste, die Vollkommenheit der Weisheit, die zweite Bürde bildet. Mittels der ersten Bürde der Verdienste wird der Form-Körper eines Buddha erlangt, und die zweite, die Bürde der Erkenntnis, führt zum Dharma-Körper eines Buddha. Durch die stetige Anhäufung dieser Bürden auf den verschiedenen Ebenen kommt ein Bodhisattva zur Buddhaschaft, in welcher der Strom des Karma ununterbrochen (aus den unendlichen Quellen) fließt.

Das Geist-Element, auch der Schoß des Tathāgata genannt, ist seiner Natur nach unbefleckt, aber mit Verdunkelungen bedeckt, die hinzugekommen sind[112]. Aus diesem Grund ist ihre Zerstörung möglich und nicht etwa unmöglich. Aus seinem großen Mitleid heraus hat Buddha die Mittel und Wege aufgezeigt, wie man sich selbst von allen den Geist befleckenden Verdunkelungen befreien kann. Dies ist der ununterbrochene Strom des Karma eines Buddha, der seinem Mitleid entströmt.

Nachdem wir so
die zweifache Wirklichkeit
die drei Sammlungen der Heiligen Lehre
die dreifache Übung

den Weg der Praxis mittels der drei Fahrzeuge
und
den vielfältigen Buddha-Leib mit seinen Tugenden
erklärt haben,
kommen wir zum Schluß.
Möge dieses Buch dabei helfen,
die Erkenntnis des Buddha-Dharma zu verbreiten
in die vier Richtungen der Welt,
und mögen alle Menschen seine Wohltat empfangen.

Die Übersetzung dieses Buches wurde beendet in Wat Bovoranives Vihāra, Bangkok, am glückverheißenden Tag des Pavāraṇā (Tag der Ermahnung) am Vollmond des Assayuja, 2509 Jahre nach dem Großen Parinibbāna.

(29. Oktober 1966)

ANMERKUNGEN ZUM TEXT

(Anmerkungen, die mit ›H‹ gekennzeichnet sind, wurden aus der Hindi-Fassung übertragen).

1. H. Diese Untersuchung der dharmas, der Sinnesvorgänge und der geistigen Erfahrungen ist selbst Weisheit und führt zu größerer Weisheit (prajñā), so daß die Erfahrung in Form von Geeignetem, Ungeeignetem (kuśala, akuśala), Weltlichem, Überweltlichem (laukika, lokottara) und andere Arten von Gegensätzen und Klassifizierungen verstanden wird. Ist diese Wahrheit völlig entwickelt, so ist sie das, was ganz und gar über alles hinausgeht (ins Nirvāṇa) und Prajñā-pāramitā genannt wird. Diese ist die Weisheit der Buddhas. Es ist buddhistische Tradition, auf die erste Seite eines Buches, das die Lehren Buddhas erläutert, solch eine Begrüßungsformel zu setzen, welche dem analytischen Verständnis oder der Weisheit, die in den Zustand führt, der jenseits von allem ist, Achtung erweist.

2. H. Śīla-Kāla: es heißt, die vollständige Dauer der Zeitordnung Gautama Buddhas betrage 5000 Jahre. Dieser Zeitraum wurde von den Gelehrten in zehn Abschnitte von je 500 Jahren eingeteilt:

a) – in welchen von allen jenen, die den Dharma üben, viele zu Arhats werden: »die Zeit der Arhats«.

b) – in welchen von allen jenen, die den Dharma üben, viele zu Anāgāmis werden: »die Zeit der Nicht-Zurückkehrenden«.

c) – in welchen von allen jenen, die den Dharma üben, viele zu Śrota-āpanna werden: »die Zeit derer im Strom«.

Die obengenannten drei, zusammen 1500 Jahre umfassenden Epochen werden gemeinsam als die »Zeit der Erleuchtung« bezeichnet.

d) – wenn die Menschen im allgemeinen viel Weisheit (prajñā) besitzen: »die Zeit der Weisheit«.

e) – wenn die Menschen im allgemeinen viel Sammlung (samādhi) besitzen: »die Zeit der Sammlung«.

f) – wenn die Menschen im allgemeinen viel Tugend (śīla) besitzen: »die Zeit der Tugend«.

Diese drei werden »die Zeit des Strebens« (sādhana-kāla) genannt.

g) – wenn die Menschen am *Abhidharma* interessiert sind: »die Zeit des Abhidharma«.

h) – wenn die Menschen an den *Sūtras* interessiert sind: »die Zeit der Lehrreden«.

i) – wenn die Menschen am *Vinaya* interessiert sind: »die Zeit der Regeln«.

Diese drei werden »die Zeit der Schriften« genannt (āgama-kāla).

j) – Jina-mātradhāraṇa: In dieser Epoche sind Studium und Übung nahezu verloren gegangen, und die Menschen geben mehr auf die äußeren Zeichen eines heiligen Lebens, während sie ein unheiliges Leben führen.

(Obwohl Klassifizierungen dieser Art auch in den Kommentaren des Theravāda zu finden sind, gibt es sie nicht in den Lehrreden des Pali-Kanon, der mehr in dem Sinne belehrt: »Wenn man ernsthaft und genau übt, so kann man das Höchste erreichen«, in welchem Zeitalter auch immer man lebt. Ein ähnliches Pali-Werk, das den stufenweisen Verfall der Lehre beschreibt, ist das spätere [nichtkanonische] *Anāgatavaṃsa* [Chronik der Zukunft], teilweise ins Englische übersetzt in *Buddhist Texts*, herausgegeben von Dr. E. Conze.)

3. H. In diesem Bhadrakalpa oder Glückbringenden Äon werden in Jambūdvīpa (Rosenapfel-Land, d. h. Indien, bezeichnete jedoch ursprünglich den Südlichen Kontinent der vier Kontinente der älte-

ren indischen Geographie) 1008 Buddhas in der Form des Geschaffenen Körpers (nirmāṇakāya) erscheinen. Vor Gautama gab es drei, Krakucanda, Kanakamuni und Kāśyapa, der vierte ist Gautama, und 1004 werden in der Zukunft noch erscheinen. (Nach dem Theravāda wird dieses Glückbringende Äon fünf Buddhas haben: Die obengenannten drei sind Buddhas der Vergangenheit, Gautama ist der Buddha der Gegenwart, und Ariya Metteya – Sanskrit: Ārya Maitreya –, der sich noch als Bodhisattva im himmlischen Reich Tuṣita befindet, ist der einzige Buddha, der üblicherweise für die Zukunft genannt wird. Andere Pali-Quellen nennen die Namen anderer Buddhas der Vergangenheit und Zukunft, jedoch nicht innerhalb dieses Äons.)

4. Dharma – ein Wort mit vielen Bedeutungen. Die Wurzel ist *dhṛ* und hat die Bedeutung von »aufrechterhalten«, und somit ist Dharma unter anderem das, was die Anstrengung aufrechterhält, wenn man in Übereinstimmung damit übt. Dharma ist das Gesetz, das heißt das Gesetz, das über dem Entstehen, dem Sein und dem Vergehen aller physischen und psychischen logischen Phänomene waltet. Der Dharma ist auch die traditionelle Weise, die Lehre des Buddha zu benennen.

5. Duhkha – ein sehr wichtiger Begriff. Er wird oft mit »Leiden« übersetzt, doch ist dies nicht ganz zutreffend, weshalb wir es vorzogen, den schwerfälligeren, aber passenderen Begriff »Unbefriedigtsein« zu gebrauchen, oder aber duhkha unübersetzt zu lassen. Duhkha kann physischer oder geistiger Art sein; es hängt zusammen mit »Geburt, Alter, Verfall und Tod«, mit »Kummer, Klage, Schmerz, Qual und Verzweiflung«, mit »verbunden sein mit dem, was man nicht liebt, und getrennt sein von dem, was man liebt«. Die Komponenten unserer Persönlichkeit sind, da wir nach dem zuvor Genannten greifen (als »Ich« oder »mein«), an duhkha gebunden. »Duhkha sollte mit dem eigenen Geist und Körper verstanden werden«, und wenn es verstanden wurde, so wird man das wahre Glück erkennen. (Phrasen in Anführung innerhalb dieser Anmerkungen bezeichnen die Worte des Buddha.)

6. Die berühmte Einleitung der Verse des *Dhammapada*: »Die Erscheinungen werden vom Geist verkündet, der Geist ist der Herr und Meister, geist-geschaffen sind sie . . .« Die Vorherrschaft des Geistes wird auch im Rad der Wiedergeburten (saṃsāracakra) deutlich illustriert, wo der Geist als Ruderer im Boot dargestellt wird, der Körper dagegen nur als passiver Passagier.

7. Siehe *Mahā-Nidāna-Sutta*, Die Große Lehrrede über die Verursachung, *Dīgha-nikāya* (Die langen Lehrreden des Buddha), Sutta 14, unter der Erklärung der Empfindungen (vedanā).

8. Siehe *Sabbāsava-Sutta*, die Lehrrede über Alle Schwierigkeiten, *Majjhima-nikāya* (Mittellange Reden), Sutta 2.

9. Scham und Furcht vor Tadel: »Zwei klare Dinge, ihr bhikkhus, beschützen die Welt. Welche zwei? Die Scham und die Furcht vor Tadel . . .« (*Anguttara-nikāya*, 11,7).

10. Punarbhāva bedeutet wörtlich »wieder-werden«. Diese wörtliche Übersetzung beinhaltet den Nachdruck, der im Buddhismus auf die Dynamik und die Veränderung psychologischer Zustände gelegt wird – eine Psychologie, die ohne Beziehung zu hypothetischen statischen Einheiten wie Seele, ātman etc. vorgeht. »Reinkarnation« ist ein Begriff, der der buddhistischen Psychologie eigentlich ganz fremd ist, da er etwas voraussetzt, das sich wieder inkarniert. Selbst »Wiedergeburt« wird nur zur Klärung des Ausdrucks benützt (in den Texten findet man lediglich »Geburt« – *jāti*), doch wird um der Tiefe der Bedeutung willen »Wieder-werden« vorgezogen.

11. Die vier großen Elemente (mahābhūta) sind: Erde, Wasser, Feuer, Luft oder, wie die alten Kommentare sie charakterisieren: Festigkeit, Kohäsion, Temperatur und Bewegung.

12. Sabhāvavāda: »Die Lehre, daß das Universum geschaffen wurde und aufrechterhalten wird von der natürlichen und notwendigen Aktion der Substanzen gemäß ihren inhärenten Eigenschaften und nicht durch den Einfluß eines übergeordneten Wesens.« *(Apte's Sanskrit Dictionary)*

13. Siehe Mahākammavibhanga Sutta, die Große Lehrrede von

der Analyse des Kamma, Majjhima-nikāya (Mittellange Aussprüche), Sutta 136: Die Anschauung, die auf der unvollkommenen Erkenntnis beruht, daß »in Wirklichkeit jeder (der die zehn bösen und ungeeigneten Handlungen begeht) nach seinem Tode in einem guten Bereich entsteht . . .«.

14. Zwei oder drei Bände, die ein Hindu-Yogi unter dem Titel »Erfahrungen eines Yogi« (veröffentlicht in Ahmedabad, Gujarat, Indien) verfaßt hat, sind ein gutes modernes Beispiel hierfür. Der Autor hat, wie aus seinen Beschreibungen zu schließen ist, bis zu den Versenkungen der Form und der Nicht-Form geübt und keine letzte Freiheit gefunden, die unwiderruflich ist, und so bezweifelte er, daß sie überhaupt zu finden sei, und erklärte, solch ein Zustand existiere gar nicht.

15. Wörtlich: Jeder Geist (citta) entsteht aus einem anderen Geist (citta), doch wurde Geist hier besser mit »geistiger Zustand« übersetzt.

16. Drei Theorien werden hier entkräftet: ahetukavāda, īśvara-nirmāṇahetu und die Vorstellungen der indischen Materialisten, der Cārvāka.

17. Siehe *Aṅguttara-nikāya*, I. 5., 9–10: »Dieser Geist, ihr bhikkhus, ist strahlend, aber befleckt (beim gewöhnlichen Menschen) von hinzugekommenen Verdunkelungen. Dieser Geist, ihr bhikkhus, ist strahlend und befreit (beim edlen Schüler) von den hinzugekommenen Verdunkelungen.«

18. Wie wenn die Cārvāka behaupten, daß Insekten aus dem Schmutz geboren werden. Vergleiche den mittelalterlichen westlichen Glauben, daß Pilze auf magische Weise geschaffen würden, oder den Glauben der alten Gärtner, der Mehltau der Kartoffeln würde von Gewittern verursacht.

19. Es gibt auch die Technik der hypnotischen Regression. Siehe auch *Twenty Cases Suggestive of Reincarnation* (American Psychical Research Society, 1966) von Dr. Ian Stevenson von der Virginia School of Medicine, und von Francis Story: *The Case for Rebirth*, Wheel Publications, Buddhist Publication Society, Kandy, Ceylon.

20. Jede Form der buddhistischen Lehre bietet zwei Übungswege an. Der eine bemüht sich um die langsame Anhäufung von Verdiensten durch viele Leben hindurch, bis in der Zukunft einmal Nirvāṇa erreicht wird. Dieser wird in der tibetischen Tradition vom Fahrzeug der Vollkommenheiten dargestellt und von dem Weg, der in den Mahāyāna Sutras (oder den meisten davon) vertreten wird. Im Theravāda gibt es fast dieselbe Tradition in der Praxis der Laien (und bestimmter Mönche), die Verdienste sammeln, um sich für die Zukunft gute Geburten zu sichern. Ein Unterschied ist hier nur darin sichtbar, daß die Vollkommenheiten in völlig altruistischer Weise ausgeübt werden, während man die Verdienste für sich selbst anhäuft (doch sind sie häufig allen Wesen in Theravada-Ländern gewidmet). Der andere Weg ist das direkte Angehen der Probleme der Unwissenheit und des Verlangens, der meistens von den klösterlichen Schülern eingeschlagen wird (obwohl Laien keineswegs davon ausgeschlossen sind). Dem entspricht in der tibetischen Tradition die Vajrayāna-Methode der Meditation, durch die man ein Siddha (ein Vollendeter) noch in diesem Leben werden kann. Siehe Beispiele hierfür in den Lebensbeschreibungen des Mahāsiddha Naropa und des Jetsun Milarepa. Auch die Theravāda-Tradition betont nachdrücklich das direkte Vorgehen; unter den in den Suttas beinhalteten Buddhaworten findet man wiederholt – vor allem an die bhikkhus gerichtete – Ermahnungen, die dazu auffordern, eine der edlen Früchte (āryaphala) noch in diesem Leben zu erlangen. Während die Tantra-Anhänger die Abgeschiedenheit in den Bergen pflegen, ging – und geht heute noch – der ernsthafte Theravadin in den Dschungel. Moderne Lehrer der Theravāda-Meditation gehen in gleicher Weise vor. Man beachte zum Beispiel die Bemerkung des Ehrwürdigen Chao Khun Upāli (Siricando): »Wenn ein Buddhist nicht einer im Strom noch in diesem Leben wird, so kann man wirklich sagen, daß er seine ganze Existenz vertan hat.«

21. Siehe Sutta Nipāṭa, Vers 885–886. Auf die Frage: »Ist die Wirklichkeit vielfach und widersprüchlich?« antwortete Buddha: »Die Wirklichkeit ist nicht vielfach und nicht widersprüchlich.« Er

erklärte auch (Vers 884): »Die Wirklichkeit ist ohne zweites.«

22. Dieser Fehler wurde vom ehrwürdigen Übersetzer der Hindi-Ausgabe hinzugefügt, und er nennt als Quelle das *Āryabhisandhinirmocana Sutra.*

23. Die scholastische Tradition des Theravāda betrachtet das Sehen der wirklichen Natur der dharmas als zur Absoluten Wirklichkeit gehörig, da dieses Sehen durch Einsicht (vipaśyanā) vervollkommnet werden muß. Mehr praktisch orientierte Quellen des Theravāda, das heißt die der Meditationslehrer, lehren, daß man nicht in die Spitzfindigkeiten der Kommentare verstrickt sein sollte, sondern lieber die dharmas in der »eigenen« geistig-materiellen Kontinuität erforschen möge.

24. (Im Original keine Anmerkung.)

25. Avijñapti-Rūpa: Dr. E. Conze in *Buddhist Thought in India* (Allen and Unwin) sagt über dieses recht komplexe Thema: »Dies ist ein Terminus für die versteckten Prägungen in unserer persönlichen Struktur, die zu solchen Handlungen führen wie: das Verüben eines Mordes, das Einhalten der Regeln, das Üben von Dhyana oder das Sehen der Wirklichkeit auf dem Pfad. Sie machen den Menschen zu einer besonderen Person und wachsen, bis Belohnung oder Bestrafung erfolgen. Ein Akt des Willens kann sich äußerlich und materiell in Gesten und Worten manifestieren. Zur gleichen Zeit kann eine gute oder schlechte Handlung, für die eine Person verantwortlich ist, sich in einer unmanifestierten und unsichtbaren Modifikation der materiellen Struktur einer Person auswirken, z. B. wenn sie den Mord an einem Menschen arrangiert, ohne mit Worten oder offenkundigen Taten beteiligt zu sein.«

26. Saṃskāras, die mit Bewußtsein verbunden sind: 11 gegenwärtig in jedem Bewußtsein (mahābhūmika-dharma), 10 geeignete Qualitäten (kuśala-mahābhūmika-dharma), 6 verdunkelte Qualitäten (kleśa-mahābhūmika-dharma), 2 ungeeignete Qualitäten (akuśala-mahābhūmika-dharma), 10 beschränkt ungeeignete Qualitäten (upakleśa-paritta-bhūmika-dharma), 8 unbestimmte Qualitäten (aniyata-bhūmika-dharma).

Saṃskāras, die getrennt vom Bewußtsein existieren: 14 Saṃskāras, die nicht-materiell und nicht mit dem Bewußtsein verbunden sind. Diese umfassen: Besitz, Nicht-Besitz, Geburt, Fortbestehen, Verfall und Vergänglichkeit.

Das vollständig entwickelte Schema siehe in *Abhidammaṭṭhasaṅgaha*.

27. Die Zwölffache Lehre (dvādaśāṅgaśāsana):

1. Sūtra: das Wort Buddhas in Prosa, die leicht verständlich ist.
2. Geyya: Prosareden, die mit Versen durchsetzt sind.
3. Vyākaraṇa: Ausführungen gelehrter bhikṣus über kurze Lehrreden des Buddha.
4. Gāthā: Verse und metrische Sprüche wie *Dhammapada* etc.
5. Udāna: inspirierte Äußerungen einschließlich des *Udāna*-Buches.
6. Itiyukta: Sprüche, die mit »Denn es wurde gesagt . . .« beginnen, einschließlich des *Itiyukta*-Buches.
7. Jātaka: Geburtsgeschichten des Bodhisattvas, der Gautama Buddha wurde, wie Viśvantara, Mahāgovindiya, Sudarśana.
8. Adbhutadharma: außerordentliche und wunderbare Eigenschaften, Ereignisse etc., wie sie in einigen Sūtras dargelegt werden.
9. Vaidalya: differenzierte Analysen, die von besonders fortgeschrittenen Schülern mitgeteilt wurden. Die Mahāyāna-Sūtras sind unter diesem Titel zusammengefaßt. Theravada kennt nur die genannten neun aṅgas (Pali: Sutta, Geyya, Veyyākarana, Gāthā, Udāna, Itivuttaka, Jātaka, Abbhutadhamma, Vedalla). Die restlichen drei finden sich im Sarvāstivāda und Mahāyāna:
10. Nidāna: einführende Besprechungen vor einer Lehrrede.
11. Avadāna: Legenden der früheren Leben der großen Jünger (Pāli: Apadāna).
12. Upadeśa: Einführung in die grundlegenden und geheimen dharmas. Unter diesem Titel sind die Vajrayāna-Tantras zusammengefaßt.

28. Die Vier Edlen Wahrheiten (Āryasatya):
Die Wahrheit vom Unbefriedigtsein (duhkha),
Die Wahrheit vom Ursprung des duhkha,
Die Wahrheit vom Stillstand des duhkha,
Die Wahrheit vom Übungs-Pfad,
der zum Stillstand von duhkha führt.

Das Abhängige Entstehen (Pratītya-samutpāda):
»Unwissenheit führt zu Karma-Gestaltungen,
Karma-Gestaltungen führen zum Erkennen,
Erkennen führt zu Geist-Materie,
Geist-Materie führt zu den sechs Wahrnehmungs-Faktoren,
Die sechs Wahrnehmungs-Faktoren führen zu Berührung,
Berührung führt zu Empfindung,
Empfindung führt zum Ergreifen,
Ergreifen führt zum Werden,
Werden führt zu Geburt,
Geburt führt zu Alter, Tod, Kummer, Jammer, Schmerz, Qual und Verzweiflung. Und so entsteht diese ganze Häufung von duhkha von neuem in der Zukunft.«

29. H. Svalakṣaṇa (individuelle Eigenschaften) hat verschiedene Bedeutungen: eine Eigenschaft, die einer bestimmten Sache eigentümlich ist, wie Hitze eine spezielle Eigenschaft des Feuers ist; oder der Zustand der von Zeit und Raum unabhängigen Existenz.

30. Man sollte sorgfältig unterscheiden zwischen der skeptischen Haltung, die auf Täuschung (moha) beruht und darum eine Behinderung der Übung ist, und dem Überdenken und Erforschen des Dharma, welche der zweiten Art der Weisheit, cintāmaya-prajñā, der Reflexion oder der denkenden Weisheit, entspringt. Erstere ist hinderlich und sollte darum überwunden werden, während die zweite eine große Hilfe ist und darum entwickelt werden sollte. Buddha gebrauchte in der Lehrrede an die Kālāmas von Kesaputta sehr geschickt die (Methode der) Untersuchung, um die Abwehrhaltung des skeptischen Kālāma-Volkes zu überwinden. Siehe *Aṅguttara-nikāya*, III. 65, Das Buch der Drei.

31. Siehe *Dhammacakkappavattana-Sutta*, Das Ingangsetzen des Rades des Dharma, die erste Unterweisung des Buddha an die fünf Asketen im Wildpark von Isipaṭṭaṇa (Sārnath) bei Benares.

32. Die Sammlung des Vinaya gilt vor allem für jene, die in die Heimatlosigkeit gehen, so daß die Zugeständnisse, die den Regeln der bhikṣus widersprechen, den buddhistischen Laien – innerhalb der Grenzen der Zucht – erlaubt werden können. Diese Grenzen sind einerseits die fünf Regeln, die sie aus freiem Willen einhalten, und andererseits das aus ihrer eigenen Erfahrung gewonnene Wissen um das, was geeignet ist, und das, was den Geist befleckt.

33. Dogmatischer Glaube (abhiniveṣa) wird im Theravāda Abhidamma in zwei Arten getrennt: Dogmatischer Glaube, der vom Ergreifen (tanhābhinivesa) des Körpers als »mir gehörend« herrührt, und der Dogmatische Glaube, der von (falschen) Anschauungen (diṭṭhābhiniveṣa) herrührt, das heißt der Glaube an die Existenz von ātman, Seele etc.

34. Siehe Anm. 29.

35. Manchmal auch Hīnayāna genannt, doch ist dies eine unfreundliche Bezeichnung mit einer ziemlich ungeklärten Geschichte, so daß besser auf sie verzichtet wird, wo es möglich ist. Śrāvakayāna, das Fahrzeug der Schüler, ist wesentlich geeigneter, daß die Śrāvakas oder großen Schüler Buddhas, wie Sāriputra und Maudgalyāyana, in allen buddhistischen Ländern verehrt werden.

36. Diese Mahāyāna-Definition der Übung der Tugenden steht in völligem Einklang mit den Theravāda-Grundsätzen.

37. Wie von S.H. dem Dalai Lama im besonderen erklärt, sind die zwei hier genannten Arten der Sammlung: 1. Gaganagañja (wörtlich: »unendliche Schatzkammer«). Ein Bodhisattva *kann* von der ersten Ebene an als eine Folge seines samādhi die Macht haben, durct magische Kräfte den Menschen alles Nötige zu verschaffen, doch entspricht diese Macht hauptsächlich der 10. Ebene. 2. Sūraṅgama, das »Wirksamkeit in der Zerstörung des Bösen« bedeutet. Im allgemeinen entspricht dies der Erkenntnis (jñāna) von der ersten bis zur zehnten Ebene und bedeutet die Kraft der Zerstörung der gei-

stigen Verdunkelungen, da diese Erkenntnis vor dem Betreten der zehn Ebenen noch schwach ist. Doch in erster Linie entspricht sie der zehnten Ebene, auf der diese Erkenntnis sehr kraftvoll geworden ist und alle geistigen Verdunkelungen zu zerstören vermag.

38. Siehe *Vinaya Piṭaka*, V. 164, wo dieselbe Lehre in größerer Ausführlichkeit zu finden ist.

39. Die Drei Fahrzeuge (welche die Wesen zur Erleuchtung führen); dies ist eine charakteristische Mahāyāna-Konzeption und findet sich nicht im Pāli-Kanon.

40. Ein Hindu-Yogi zündet vier Feuer in jeder der vier Himmelsrichtungen an, wobei er in der Mitte Raum läßt, um sich dazwischenzusetzen. Dort sitzt er mittags, wenn die Sonne im Zenit steht, wobei diese zur Vervollständigung dieses Aktes der Selbst-Tortur das fünfte Feuer bildet. Auch in anderen Fällen kann man beobachten, daß, wo Liebe oder Furcht oder Verlangen die Basis der Moral darstellen, Ungeeignetes eingesetzt wird, um das moralische Verhalten zu stärken.

41. Das sind: Himmlische (deva), Titanen (asura), Menschen (manuṣya), hungrige Geister (preta), Tiere (tiryagyoni) und Höllen-Wesen (naraka-sattva). Siehe Anm. 43 und 67.

42. Es ist wichtig, daß man eine klare Vorstellung davon hat, was mit Karma gemeint ist. Eine kurze und berühmte Definition Buddhas mag hier genügen (das Karma eines Buddha hat eine andere Bedeutung): »O bhikkhus, ich sage, daß das Wollen (beabsichtigtes Handeln) Karma ist.« Siehe *Aṇguttara-nikāya*, VI. 63.

43. Apāya-bhūmi, die Zustände von Jammer und Entbehrung, von denen es drei gibt: Hungrige Geister, Tiere und Höllen-Wesen. Das sind nicht unwirkliche Vorstellungen, sondern sie repräsentieren Zustände derer, die das Ungeeignete in sich so stark werden ließen, daß ihr Geist nicht länger menschlich und damit in die Erfahrung untermenschlicher Stadien hinabgesunken ist.

44. Eine ähnliche Analyse der Regeln findet sich im Theravāda, obwohl dort die Anzahl der Faktoren für jede Regel mit fünf anstatt drei angegebenwird.

45. Man sollte jedenfalls wissen, daß der Vorrang einer Wurzel nicht bedeutet, daß die anderen ausgeschlossen sind. So basieren Gier und Abneigung (die nicht in einem Bewußtseinsaugenblick zugleich anwesend sein können) auf Täuschung und entstehen nicht ohne sie, wogegen man jedoch, da die eine der Widerschein des anderen ist, sicher sein kann, daß, wenn die eine sich findet, die andere auch erscheint. Sie können sich in ihrer Vorherrschaft mit großer Schnelligkeitabwechseln, wobei sie dem ungeübten Beobachter den Eindruck vermitteln, als existierten sie im selben Augenblick zugleich. Die Analyse macht jedoch die Abwechslung offensichtlich. Das Töten aus Barmherzigkeit basiert ebenfalls auf Täuschung. Der tatsächliche Akt des Tötens, welches Motiv auch immer dahinterstehe, beruht auf Abneigung, ohne welche, so wird im Theravāda erklärt, Leben nicht zerstört werden kann.

46. Upavasatha, der Tag, der zweimal im Mondmonat wiederkehrt (der 14. Tag – Vollmond, und der 1. Tag – Neumond), an dem die Prātimokṣa Sūtra der Grund-Regeln der Disziplin von bhikṣus und Laien (die die acht Upavasatha-Regeln für einen Tag und eine Nacht einhalten) rezitiert wird. Dabei wird den Laien, die oft den Tag im Kloster verbringen und den Dharma hören, lesen oder darüber meditieren, besondere Belehrung zuteil. Die Laien ihrerseits bringen an diesem Tag den bhikṣus spezielle Gaben dar (Lebensmittel und andere notwendige Dinge).

47. Das bezieht sich entweder auf weltliche oder überweltliche Ziele. Ein bhikṣu kann damit prahlen, er habe Dhyāna erlangt oder die Ebene der Ārhats etc. Wenn er das tut, so hat er den vierten Verstoß aus der Kategorie der Niederlagen (pārājika) begangen und kann nicht länger als bhikṣu betrachtet werden; er muß sein Gewand ablegen und kann in diesem Leben nicht mehr in den Orden aufgenommen werden. Laien, die solcherart lügen, verureachen damit ein sehr schlechtes Karma.

48. Direktes Karma: das Karma, das ein unabwendbares Schicksal mit sich bringt, d. h. daß in der Stunde des Todes der Täter in eine qualvolle untermenschliche Geburt in einer der Höllen gerät.

49. Siehe die Theorien, wie sie in der Einführung in die *Sāmaññaphala Sutta* des *Dīgha-nikāya*, Sutta 2, erklärt werden, und im besonderen die Anschauungen von Purāṇa Kassapa (akiriyavāda) und Ajita Kesakambalin (ucchedavāda).

50. Im Theravāda befolgen nur zwei Klassen von Menschen die Pātimokka genannten Regeln: die bhikṣus und bhikṣunis (Mönche und Nonnen). In der heutigen Zeit gibt es in Theravāda-Ländern keine Nonnen, so daß nur bhikṣus Pātimokka üben. Obwohl einige dieser Regeln auch von Novizen befolgt werden, wendet man den Begriff Pātimokka nicht auf deren Regeln und auf die der Laien an.

51. Die *Mahāmaṅgala Sutta* zählt diese zu den höchsten Segnungen: »samanānañca dassanaṃ – das Eehen der samanas« (bhikṣus) und »kālena dhammasvanaṃ – das Hören des Dharma zur rechten Zeit«.

52. Üblicherweise wird der Begriff »citta« mit »Geist« (engl. »mind«) übersetzt, bedeutet jedoch in Wirklichkeit die gesamte geistig-emotionale Erfahrung dessen, was man bewußt wahrnimmt, wie dessen, was man unbewußt wahrnimmt. Das umfaßt: Empfindungen (angenehm, unangenehm sowie keines von beiden); Wahrnehmung und Erinnerung (von Dingen durch Sehen, Hören, Riechen, Schmecken, Berühren sowie geistige Objekte); willentliche Aktionen (wie solche, die mit dem Bewußtsein verbunden oder nicht verbunden sind); und Bewußtsein. Wenn wir »citta« mit »Geist« übersetzen, so sollte dabei immer diese spezifische buddhistische Bedeutung beachtet werden.

53. Manchmal mit »Meditation« übersetzt, was jedoch allzu vage ist.

54. Nīvārana – die fünf Behinderungen: sinnliches Verlangen; übler Wille; Faulheit und Stumpfheit; Sorge und Reue; Skepsis – alle diese stellen Hindernisse auf dem Weg zu den Versenkungen (dhyāna) dar.

55. Die Welt-Elemente (dhātu) der Sinne, der Form und der Nicht-Form. Die ersten umfassen – vom »niedrigsten« (spirituell) »aufwärts« –: die Höllen-Wesen, Tiere, hungrige Geister, Men-

schen und Himmlische im Sinnes-Bereich. Im Welt-Element der Form befinden sich die Himmlischen des Brahmaloka (die Brahma-Götter) sowie jene, die sich in ihrer letzten Geburt als Nicht-Zurückkehrende (anāgāmi) befinden und Nirvana in den Reinen Höhen, welche die höchsten Elemente dieses Welt-Elements darstellen, erreichen. Das Welt-Element der Nicht-Form umfaßt vier Ebenen der Existenz, die wir als Unendlichkeit des Raumes etc. kennen. Eine Geburt in diesen Bereichen steht in strikter Übereinstimmung mit den entsprechenden Karma, das heißt, wenn man seinem Geist erlaubt, von der Lust beherrscht zu werden, so folgt eine Geburt als Tier; wenn man die fünf Regeln einhält, ist man ein Mensch und wird als solcher geboren; und wenn man sich auf dem Pfad der Übung bemüht, so wird man auf der Ebene geboren, bis zu der man durch die erfolgreiche Übung gelangt ist. Nur durch rechte Anwendung der Weisheit kann man über die drei Welt-Elemente hinausgehen und Nirvāṇa erlangen. In der buddhistischen Kosmologie gibt es unzählige, im All verstreute Welt-Elemente (lokadhātu). In moderner Terminologie würde man sie als Galaxien bezeichnen, abgesehen davon, daß dieser moderne materialistische Begriff den großen Umfang von Möglichkeiten des Lebens, wie sie im Buddhismus bekannt sind, nicht berücksichtigt.

56. Es ist wichtig, diesen Punkt anzumerken und vor Meditationslehrern zu warnen, die betonen, daß »Einsicht« allein genüge. Manche von ihnen bieten »Methoden« an, welche Erleuchtung, Einsicht usw. innerhalb begrenzter Übungszeit »garantieren«, und manche offerieren eine abgestufte Serie von Bewußtseinszuständen und »interpretieren« den Fortschritt eines Schülers, den er durch seine geringfügigen Erfahrungen macht, als diese oder jene Einsicht-Erkenntnis (vipaśyanā-jñāna).

57. Einsicht (vipaśyanā) wird mit Hilfe der fünf Daseinsfaktoren (skandha) entwickelt, die sowohl die Grundlage bilden, wie auch in bestimmten Aspekten als Objekt dienen. Die Stadien der Versenkungen und die Annäherungen an diese neigen dazu, im Meditierenden alle Arten von Visionen, ekstatischen Erfahrungen und un-

übertrefflichen Kräften zu produzieren. Diese Dinge locken ihn leicht vom Übungspfad weg, der den Buddhisten zur Erkenntnis der Natur der fünf Daseinsfaktoren führen soll und nicht etwa hinaus zu diesen Verirrungen. Ein Meditierender muß alle diese Erfahrungen loslassen und seinen konzentrierten Geist ausschließlich dazu benützen, zu den Kennzeichen der fünf Daseinsfaktoren durchzudringen: Vergänglichkeit, duhkha, Nicht-ātman und Leere.

58. Nach der Theravāda-Tradition arbeiten fünf Behinderungen dem Eintritt in die Versenkungsstadien entgegen, werden jedoch ihrerseits eine nach der anderen von den fünf Kräften bekämpft, welche sind: Vertrauen (śraddhā) gegen sinnliches Verlangen (kāmac-chanda); Energie (vīrya) gegen üblen Willen (vyāpāda); Achtsamkeit (sati) gegen Trägheit und Stumpfheit (thīna-middha, Sanskrit: styānamiddha); Sammlung (samādhi) gegen Sorge und Reue (uddhacca-kukucca); Weisheit (paññā) gegen Skepsis (vicikicchā).

59. Zur Veranschaulichung dieses Prozesses siehe den reich illustrierten Druck des »Council for Cultural and Religious Affairs of H.H. the Dalai Lama«, der hier nur in Kurzform wiedergegeben ist.

60. »Lahutā« genannt, Leichtigkeit, und gehört im Theravāda Abhidamma zu Ruhe, Sanftheit, Anpassungsfähigkeit, Tüchtigkeit und Ehrlichkeit und bezieht sich sowohl auf körperliche wie auch auf geistige Faktoren.

61. Edle Pfade: Diese sind der Eingang zu den edlen Errungenschaften derer im Strom, der Einmal-Zurückkehrenden, der Nicht-Zurückkehrenden und der Ārhats.

62. Siehe Anm. 54 und 58.

63. Die oft wiederholte Passage in den Pāli-Suttas über die erste Versenkung lautet: »Losgelöst von Sinnes-Objekten, ihr bhikkhus, losgelöst von ungeeigneten Zuständen des Geistes, betritt der bhikkhu die erste Versenkung, die von Planung durch Denken und Prüfung durch Denken begleitet ist, die aus Loslösung geboren ist, die mit Freude und Segen (pīti sukha) erfüllt ist.«

64. Die zweite Versenkung: »Nach der Beruhigung der Planung

durch Denken und der Prüfung durch Denken und nachdem er die innere Stille und das Auf-einen-Punkt-gerichtet-sein des Geistes erreicht hat, gelangt er in ein Stadium, das frei ist von Planung und Prüfung – in die zweite Versenkung, die aus der Sammlung geboren und erfüllt ist mit Freude und Segen.«

65. Die dritte Versenkung: »Nachdem die Freude verblaßt ist, verweilt er in Gleichmut, achtsam und klar bewußt; er erfährt in sich die Empfindung, von der die Āryas sagen: Glücklich lebt der Mensch mit gleichmütigem und aufmerksamem Geist, und so betritt er die dritte Versenkung.«

66. Die vierte Versenkung: »Nachdem er Freude und Schmerz aufgegeben hat und dank dem Verschwinden alter Freuden und Leiden betritt er ein Stadium jenseits von Freude und Leid, die vierte Versenkung, die durch Gleichmut und Achtsamkeit gereinigt wurde.«

67. Die Götter oder himmlischen Wesen existieren auf vielen Ebenen (die sich nicht »oben am Himmel« befinden, sondern Varianten der Erfahrung entsprechend dem Karma darstellen) und werden wie folgt unterschieden:

Sinnes-Welt:
- catur-mahārājika-deva: die Himmlischen der Vier Großen Könige
- trāya-trimśā-deva: die Heiligen der Dreiunddreißig
- yāmā-deva
- tuṣitā-deva
- nirmāṇarati-deva
- paranirmata-vaśavarti-deva

Form-Welt:
- brahma-pariṣadya
- brahma-purohita
- mahābrahma

In obengenannten Bereichen wiedergeborene Wesen mit schwachem, mittelmäßigem oder starkem ersten dhyāna:

parīttābha
apramāṇabha
ābhāsvara

In obengenannten Bereichen wiedergeborene Wesen mit schwachem, mittelmäßigem oder starkem zweiten dhyāna:

parītta-śubha
apramāṇa-śubha
śubhākṛtsna

In obengenannten Bereichen wiedergeborene Wesen mit schwachem, mittelmäßigem oder starkem dritten dhyāna:

vehapphalā: Wesen mit dem vierten dhyāna werden hier geboren
asañjisattva: Wesen, die leer sind von Wahrnehmung
śuddhāvāsa: die Reinen Höhen

Jene, welche die Ziele der Nicht-Form erreicht und den Geist auf die Grenzen der Wahrnehmung hin konzentriert haben, werden in der zweiten Klasse wiedergeboren, während die dritte Klasse nur den Nicht-Zurückkehrenden vorbehalten ist, die Arhats werden und das endgültige Erlöschen in diesem Stadium erlangen.

68. Menschen, die an einer ātman-Anschauung haften, betrachten mit aller Wahrscheinlichkeit die physische Form als ihr Selbst. Das ist die angeborene ātman-Anschauung, die nach dem Daseinsfaktor »Form« greift. Andere »empfinden« vielleicht, daß sie eine Seele haben, und das ist die angeborene ātman-Anschauung, die nach dem Daseinsfaktor »Empfinden« greift. Die Erinnerung bestärkt die Vorstellung vom Selbst, und somit ergibt sich das Greifen nach dem Daseinsfaktor »Wahrnehmung-Erinnerung«. Andere betrachten die Seele als den »Seher« hinter den Sinnesorganen, was zum Ergreifen des Daseinsfaktors »Bewußtsein« führt. Die Denksysteme der

Theologen und Philosophen (Ergreifen des Daseinsfaktors »Willentliche Gestaltung«) sind natürlich subtilerer Art und werden immer von sophistischen Argumenten gestützt.

69. Wenn die Existenz des ātman neben den fünf Daseinsfaktoren beziehungsweise im Unterschied zu ihnen bestehen würde, so könnten diese nicht eine erschöpfende Analyse der Persönlichkeit darstellen, wie Buddha und die Lehrer seiner Tradition nachgewiesen haben; doch wird diese Meinung weder von den Ergebnissen empirischer Beobachtung unterstützt noch von der durchdringenden Klarsicht, die aus der Vollkommenheit der Weisheit durch Einsicht (vipaśyanā) resultiert.

70. Es gibt das eindrucksvolle Wort des Buddha (*Samyuttanikāya*, XXII, 47): »Alle samānas und brahmins, die auf vielerlei Weise an ein Selbst (ātman) glauben, sehen die fünf Daseinsfaktoren oder einen von diesen dafür an.« In Verbindung mit diesem Teil sollte man »Die Lehrrede über das Gleichnis von der Schlange« lesen.

71. Siehe Anm. 28. Alle diese bedingenden Faktoren entstehen abhängig (nicht einfach aufgrund von Ursache und Wirkung) und haben nach der kurzen Formulierung von der Abhängigen Entstehung folgende Grundlage: »Dies ist seiend, was ist, aus dem Entstehen von dem, was entsteht. Dies ist nicht seiend, was nicht ist, aus dem Vergehen von dem, was vergeht.« Sie sind somit leer von Selbst-Natur, ihr Entstehen und Vergehen beruht auf anderen Faktoren, und somit sind sie vollständig leer.

72. »Hoch« und »tief« wird im Sinne von relativer Freiheit oder Gebundenheit an Glück oder Leid gebraucht. Spirituelle Höhe wird assoziiert mit Entwicklung, Glück und großer (wenn auch nicht endgültiger) Freiheit. Die abgestuften Tiefen (des Lebens in der Hölle oder als Tier oder hungriger Geist) sind verbunden mit dem Schrumpfen des Geistes und seiner Fähigkeit, mit Unglück und strengen Begrenzungen.

73. Von duhkha sagt Buddha, daß »es verstanden werden sollte«, wobei er dies in vielen Lehrreden betonte – eingedenk der mensch-

lichen Neigung (die in den Verdunkelungen begründet ist), duhkha nicht sehen zu wollen oder es zu ignorieren, wenn man es gesehen hat. Es kann durch die Beobachtung anderer verstanden werden, aber man muß es innerhalb des »eigenen« Geistes und Körpers begreifen, wenn man nach der Freiheit des Nirvāṇa strebt.

74. Verdienste (puṇya) bedeuten »das, was säubert und reinigt«. Zum Beispiel reinigen Freigebigkeit und Großzügigkeit den Geist von Geiz, moralisches Verhalten reinigt von offenkundigen schlechten Handlungen, die Geist-Entwicklung schafft ein Wachstum im Geiste und die Verminderung von üblem Verlangen. Verehrung reinigt von Hochmut und unterstützt die Demut, während Hilfsbereitschaft von gefühlloser Gleichgültigkeit befreit und das Mitgefühl unterstützt. Freude am Glück anderer reinigt von Neid und unterstützt muditā (mitfühlende Freude). Weiht man seine Verdienste dem Wohl anderer, so reinigt dies vom Verlangen nach der eigenen Erlösung (ohne sich um andere zu kümmern), während es das Interesse am Wohlergehen der anderen unterstützt. Das Hören des Dharma reinigt von Ablenkung und unterstützt die Konzentration. Das Lehren des Dharma reinigt von Ich-Bezogenheit, was die Erkenntnis betrifft, und unterstützt das Wohlwollen. Richtigstellen der Anschauungen reinigt von irreführenden Meinungen und unterstützt Anschauungen, die zu Nirvāṇa führen. Dies sind die zehn Arten, Verdienste zu erwerben, wie sie in Theravāda-Ländern häufig gelehrt werden, und alle sind wichtig für eine ausbalancierte buddhistische Praxis.

75. Nach dem Pfad der Bemühung betritt man den Pfad der Einsicht, und in diesem Augenblick sind alle Verdunkelungen, die auf dem vorhergehenden Pfad zerstört werden konnten, »verbrannt«, weshalb dieser Pfad der Einsicht mit dem Feuer verglichen wird. Beim Erreichen des Pfades der Einsicht spielt der gegenwärtige Pfad der Bemühung eine überaus wichtige Rolle. Das erste Stadium des Pfades der Bemühung wird »uṣmagatā« (Hitze) genannt, weil in diesem Stadium durch die Weisheit der Entwicklung, die Nichtātman zum Objekt hat, eine Erhitzung der Verdunkelungen, die

später zerstört werden, ausgelöst wird. Wenn dieses Erhitzen sich im Stadium von uṣmagatā intensiviert, kommt man zum zweiten Stadium – »mūrdhana« (Gipfel). Danach erreicht man das Stadium von kṣānti (Geduld), das so genannt wird, weil unter Umständen die Verdunkelungen, die auf dem Pfad der Einsicht zu zerstören sind, extrem erhitzt werden. Ist dies alles vollendet, so kann man sicher sein, den Pfad der Einsicht zu erklimmen, und danach sind die Tore zu Geburten in Bereichen des Jammers (apāya-bhūmi) geschlossen. Man erreicht die höchsten weltlichen dharmas (agradharma) und beginnt sodann als »einer im Strom« (śrota-āpanna) sein Fortschreiten durch die transzendentalen Ebenen (lokottara-bhūmi).

76. Fünf geeignete Fähigkeiten (kuśalendriya): Vertrauen, Energie, Achtsamkeit, Sammlung und Weisheit. Wenn diese Fähigkeiten zu führenden Kräften im Charakter eines Individuums heranwachsen, so nennt man sie die Fünf Kräfte. Vertrauen und Weisheit (śraddhā-prajñā) und Anstrengung/Sammlung (vīrya-samādhi) ergeben zwei Paare, und es wird bei ihrer Entwicklung eine völlige Balance zwischen ihnen benötigt. »Achtsamkeit (smṛti), so sage ich, ihr bhikkhus, ist allezeit hilfreich.« (*Samyutta-nikāya*, 46, *53*.)

77. Die Vier Edlen Wahrheiten in 16 Aspekten:

1. Akzeptieren der Wahrheit von duhkha im Bereich der Sinne,
2. Überzeugtsein von dieser Wahrheit,
3. und davon, daß sie sowohl für die Bereiche der Form,
4. wie für die Bereiche der Nicht-Form gilt,
5. Akzeptieren der Wahrheit von der Entstehung des duhkha,
6. Überzeugtsein von dieser Wahrheit,
7. und davon, daß sie sowohl für die Bereiche der Form,
8. wie für die Bereiche der Nicht-Form gilt,
9. Akzeptieren der Wahrheit vom Stillstand des duhkha,
10. Überzeugtsein von dieser Wahrheit,
11. und davon, daß sie sowohl für die Bereiche der Form,
12. wie für die Bereiche der Nicht-Form gilt,
13. Akzeptieren der Wahrheit vom Übungs-Pfad, der zum Stillstand von duhkha führt,

14. Überzeugtsein von dieser Wahrheit,
15. und davon, daß sie sowohl für den Bereich der Form,
16. wie für den Bereich der Nicht-Form gilt.

Es ist einleuchtend, daß diese als Einsicht-Meditationen gedacht sind, die zum Verzicht auf den gesamten Kreislauf (saṃsāra) führen sollen.

78. Hier wird der überweltliche Pfad beschrieben, doch kann dieser Achtfache Pfad ebensogut (wie im Theravāda) die Grundlage des täglichen Lebens bilden. Die Darstellung, wie sie hier von den acht Faktoren gegeben wird, unterscheidet sich nahezu gänzlich von der des Pāli *Sutta Piṭaka*.

79. So wie er hier beschrieben wird, ist dieser Faktor das Äquivalent zu ariyavācā (edle Rede) in Pāli, die sich ebenfalls auf den Dharma bezieht, und jene, die sie hören und in sich eindringen lassen, zu großem Erfolg führt oder sogar dazu, einer der Edlen (ārya) zu werden. Siehe *Dīgha-nikāya*, Sutta 33, V, XXV.

80. Die Einteilung des Pfades, wie sie in den Pāli-Lehrreden zu finden ist, ist einfach: die ersten zwei Faktoren – Weisheit (prajñā), die nächsten drei – Tugend (śīla), und die letzten drei – Sammlung (samādhi). Damit wird das ganze Gebiet der dreifachen Übung umfaßt.

81. Diese sechs Vollkommenheiten sind:

1. dāna	Freigebigkeit	upaya-kauśalya (geeignete Mittel)	puṇya-sambhara (Bürde der Verdienste)
2. śīla	Tugend		
3. kṣānti	Geduld		
4. vīrya	Bemühung		
5. samādhi	Sammlung		
6. prajñā	Weisheit	prajñā (die Bürde der Weisheit)	

Die Vollkommenheiten, wie sie in der späteren Pali-Literatur angegeben sind:

1. dāna	Freigebigkeit
2. sīla	Tugend
3. nekkhamma	Entsagung

4. paññā Weisheit
5. adhitthāna Entschlußkraft
6. viriya Energie
7. khanti Geduld
8. sacca Wahrhaftigkeit
9. mettā Wohlwollen
10. upekkhā Gleichmut

In beiden Fällen dienen diese Tugenden zur Kultivierung dessen, der auf dem Bodhisattva-Pfad nach der Buddhaschaft strebt. Die letzteren werden auch in Theravāda-Ländern gelehrt und geübt, wobei die Jātaka-Geschichten gutes Material liefern, um den Bodhisattva-Pfad zu veranschaulichen.

82. »Alle Wesen« kann verschiedene Bedeutungen haben. Zunächst die, daß selbst ein Buddha nur die *zähmbaren* Wesen zur Freiheit führen kann. Ein gutes Beispiel für ein unzähmbares Wesen ist der nackte Asket Upaka, dem Buddha nach seiner Erleuchtung auf dem Weg nach Benares im Wildpark von Isipaṭṭaṇa begegnete. Wesen mit geringen Wurzeln der Verdienste und voller Täuschung (moha) werden nicht bereit sein, den Dharma zu verstehen. »Alle Wesen« wird von manchen Meditationslehrern auch in praktischem Zusammenhang interpretiert. Sie betonen, daß »alle Wesen« soviel wie die Vielzahl der verschiedenen »Personen« im eigenen Charakter bedeute; so die freundliche Person, die zornige Person, die großzügige Person, die geizige Person etc., und alle diese Aspekte des eigenen Charakters sollten ins Nirvāṇa geführt werden. Oder es kann in den Begriffen der sechs Sphären der Geburt geklärt werden, die alle potentiell und manchmal aktuell im eigenen Geist befindlich sind (Himmlische, Menschen, Titanen, hungrige Geister, Tiere und Höllen-Wesen). Denn die Wahrnehmung der »Wesen«, die ins Nirvāṇa zu führen sind, findet wo statt? – im eigenen Geist.

83. Der Fortschritt des Bodhisattva, der Verdienste sammelt, wird in Jātaka oder den Geburtsgeschichten, die als die früheren Leben des Gautama Buddha angesehen werden, schön veranschaulicht. Es wird oft darauf hingewiesen, daß es zweifelhaft sei, ob es

sich dabei tatsächlich um seine früheren Leben handle, aber durch solches Zweifeln geht man der Pointe der Geschichten verlustig, die alle nötigen Lektionen für eine edle und altruistische Lebensführung enthalten. So, wie man oft besser aus dem Beispiel der Charaktere innerhalb von Geschichten lernen kann als aus trockenen Abhandlungen, so sollten diese buddhistischen Geschichten in dem Geiste gelesen werden, daß man fragt: »Was kann ich aus diesen Erzählungen für mein eigenes Leben lernen?«

84. In den meditativen Stadien, in denen es möglich ist, dies zu tun, muß man zwei scheinbar widersprüchliche Vorstellungen im Kopf behalten: erstens, daß es in jedem Fall geeignet ist, dem Dharma Verehrung entgegenzubringen und ihm zu lauschen, wie auch, mit Buddhas zusammen zu sein; und zweitens, daß alle Buddhas und Bodhisattvas letztlich im eigenen Geist wahrgenommen werden. Trotzdem verehrt man sie, und dies ist eine Form der Demut und der Fähigkeit, dem Dharma zu lauschen.

85. Siehe Anm. 1.

86. Es gibt interessante Berichte von bhikṣus in allen buddhistischen Ländern, die grobe und unkontrollierbare Menschen zähmten. Noch beeindruckender sind die Geschichten von bhikṣus, die Tiere zähmten, indem sie ihnen die Zufluchten und Regeln vermittelten, so daß sie danach friedlich lebten und niemandem mehr Böses zufügten.

87. Es gibt hier einen interessanten Vergleich mit dem Arahant, der ebenfalls fähig ist, seine Empfindungen je nach Wunsch zu ändern. Diese Kraft, Āriya-iddhi (Edle Magie) genannt, besitzen nur die Edlen, und unter diesen die Arahants. Jemand, der den Stillstand (nirodha-samāpatti) erreicht hat, kann ebenfalls nicht von Feuer verletzt werden, noch können ihm irgendwelche Waffen gefährlich werden. Es ist auch eine Eigenschaft dessen, der übt und in der Übung des Wohlwollens (metta) erfolgreich ist, daß er vor Feuer, Gift und Waffen bewahrt bleibt. Natürlich haben sowohl der Bodhisattva wie der Arahant das Wohlwollen gegenüber allen Wesen geübt und vervollkommnet.

88. Catu-Sangaha-Vatthu (Sanskrit: catur-samgraha-vastu): eine Gruppe von dharmas, die oft im Pāli-Kanon als Weg der Übung für die (und das Kennzeichen der) edlen Schüler (Āriyasavaka) genannt werden. Diese vier bilden sehr häufig das Thema von Predigten an die Laien in Thailand, wo sie als Qualitäten des wahren Buddhisten sehr geschätzt werden.

89. Siehe Anm. 81.

90. Eine interessante Parallele findet sich in allen Schulen der buddhistischen Praxis. »Üben in diesem Leben, Ankommen in diesem Leben« könnte sehr gut das Motto aller buddhistischen Meditationslehrer sein, ob sie den Traditionen des Theravāda, Vajrayāna oder Ch'an (Zen) angehören.

91. Dies ist die Wahl eines himmlischen Wesens – Buddha, Bodhisattva oder Schutzgottheit –, mit dessen Unterstützung die Praxis ausgeführt wird. Details und Methoden variieren und werden von einem Lehrer vermittelt. (S. dazu: John Blofeld, *Der Weg zur* Macht, O. W. Barth Verlag.) Im Grunde ähneln alle Praktiken dem, was im Theravāda gelehrt wird, insofern, als sie helfen zu sehen, daß die fünf Daseinsfaktoren leer sind, und daß alle dharmas, wie man sie auch aufteilen mag, ebenfalls leer sind. Man kann viel Ähnlichkeit finden zwischen diesen devayoga-Übungen und den alten Praktiken, bei denen farbige Scheiben (kasina) benützt wurden. Siehe dazu *Visuddhimagga*.

92. Kriya-tantra: unterweist über rituelle und äußerliche Formen der Andacht zur Anhäufung von Verdiensten und richtet sich an jene mit schwerfälligen Fähigkeiten. Ubhayacaryā-tantra enthält rituelle Anweisungen und einige innere Übungen zur Geist-Entwicklung. Yoga-tantra beinhaltet mehr Anweisungen für die Meditationspraxis und weniger über rituelle Übungen, während Anuttarayogatantra für jene gedacht ist, die über die scharfgeschliffensten Fähigkeiten verfügen und sich nur auf innere Sammlung und Wahrnehmung der Leere konzentrieren.

93. Auch im Theravāda findet sich diese Zurückhaltung, wenn ein Lehrer einem Schüler Meditationsunterweisungen gibt. Das ist nicht

deshalb der Fall, weil irgend etwas verborgen werden müßte (aus welchem Grund man vermeiden sollte, das Wort »geheim« zu verwenden), sondern weil individuelle Schüler der individuellen Behandlung bedürfen. Die Trennung von Buddhisten in »esoterische« und »exoterische« ist ein unsinniges Relikt eines mehr als fünfzigjährigen Mißverständnisses. Was uns »geheim« bleibt, bleibt es nur wegen der Unwissenheit und Dummheit unseres Geistes.

94. Dieser unzweideutige Ausspruch sollte uns helfen, die völlig falschen Anschauungen zu zerstören, die viele Leute im Zusammenhang mit tantrischen Übungen im Vajra-yāna noch immer aufrechterhalten. Man weiß sogar von gelehrten Professoren, daß sie behaupteten, es sei möglich, mittels tantrischer Methoden die Buddhaschaft zu erlangen, ohne irgendwelche Verhaftungen zu lösen. Doch zeugt solch eine wirre Meinung von wenig Information. Der Weg dessen, der ernsthaft üben will, ist, wie alle Pfade des Dharma, ein harter Weg. Im früheren Tibet zogen sich Tantriker häufig jahrelang an einsame Orte wie etwa in Berghöhlen zurück.

95. Dies bedeutet, daß fortgeschrittene Meditationsübungen für solche gedacht sind, die im buddhistischen Sinne »fortgeschritten« sind, das heißt für jene, die starke Wurzeln des Geeigneten und eine starke Persönlichkeit besitzen. Jene, die nicht so fortgeschritten sind, müssen auf den niedrigeren, aber sehr wichtigen Ebenen des Verdienstesammelns beginnen – wie mit Freigebigkeit und dem reinen Einhalten der Regeln.

96. Man sollte einen Lehrer haben, wenn man Meditation üben will. Es wäre wünschenswert, selbst nur beim Studium einer buddhistischen Abhandlung einen Lehrer zu haben, der einen in der Tradition führt, aber dies ist von noch größerer Notwendigkeit bei der Meditations-Praxis. Das erste Kennzeichen eines guten Lehrers ist, daß er selbst bereits in sich vervollkommnet hat, was er lehrt. Gewänder und Rituale faszinieren die Menschen, aber sie sind nicht notwendige Kennzeichen eines Lehrers. Für sicheren Fortschritt auf dem Pfad, der zur Erleuchtung führt, ist es nötig, daß man die Führung an der Hand eines Lehrers erhält, der bereits den Pfad begangen

hat, wenn nicht bis zum Ende, so doch wenigstens bis dorthin, wo das Ende sichtbar wird.

97. Dies ist ein anderer wichtiger Punkt. Es gibt manche, die meinen, daß nur im Theravāda die Regeln eingehalten würden und daß man im Mahāyāna in dieser Beziehung nachlässiger sei. Aber Korrektheit oder Nachlässigkeit beruhen nicht auf irgendeinem »yāna«, sondern auf den Fähigkeiten des Lehrers. Andere wiederum meinen, daß die Tantras einen spirituellen Pfad anböten, auf dem moralisches Verhalten nicht verlangt würde. Doch keine dieser Meinungen entspricht im geringsten der Wahrheit. Es ist eher richtig zu sagen, daß in jeder buddhistischen Tradition folgendes gilt: »Je intensiver die Übung, desto korrekter das Einhalten der Regeln.« Die Dhūtaṅga bhikṣus im thailändischen Dschungel, die Zen-Mönche in ihren Tempeln und die Tantriker hoch oben in ihren Einsiedeleien müssen alle bei ihrem Streben die Regeln in reiner Form einhalten.

98. So wie auf vielen tibetischen Bildrollen oder in der Form der Bildnisse, die alle als äußere Unterstützung verwendet werden. Später wird dieselbe Gestalt ausschließlich im Innern vorgestellt.

99. Es ist möglich, in den Pāli-Reden die Samen zu entdecken, aus denen diese Lehre erwachsen ist. In bezug auf den Dharmakāya gibt es einige seltene Feststellungen wie: »Wer den Dharma sieht, sieht mich« (*Samyutta-nikāya*, III, 120). Der Sambhogakāya scheint mit dem Körper des Buddha, der die zweiunddreißig Zeichen des großen Wesens zeigt, verbunden zu sein. Offenbar war er nicht für alle sichtbar, sondern wurde nur von einigen gesehen. Der Rūpakāya des Nirmāṇakāya könnte sein Äquivalent im gewöhnlichen Leib, der von jedermann gesehen wird, haben, in der physischen Form Gautamas, der in Meditation saß, Nahrung sammeln ging usw., der jedoch nach den Worten des Buddha nicht als Buddha erkannt werden konnte (*Samyutta-nikāya*, III, 111 und IV, 383). Manche Meditationslehrer haben betont, daß diese Lehre von praktischer Bedeutung sei, da die drei (oder vier) Buddha-Körper alle im eigenen Geist befindlich seien.

100. Die 37 Bodhipakṣikadharma (varga) umfassen folgende Gruppen:

4 Anwendungen der Achtsamkeit (smṛtyupasthāna),
4 Rechte Anstrengungen (samyakprahāna),
4 Pfade der psychischen Kräfte (ṛddhipāda),
5 Fähigkeiten (indriya),
5 Kräfte (bala),
7 Faktoren der Erleuchtung (bodhyaṅga),
8facher Weg (mārga).

Zur Theravāda-Darstellung siehe *Buddhist Dictionary*, Frewin & Co., Colombo, Ceylon.

101. Der südliche Kontinent des alten indischen Weltsystems.

102. Diese sind häufig das Thema von sehr schönen Bildrollen.

103. Eine ähnliche, aber nicht-kanonische Geschichte ist die Grundlage für die prächtig geschmückten Buddhas, wie man sie in Burma und Thailand findet. In diesem Fall wurde ein hochmütiger Prinz von Buddha gebändigt, indem letzterer sich in der Erscheinung des »universellen-rechtmäßigen-Kaisers« (cakravarti-rāja) zeigte.

104. In Theravāda-Kommentaren wird er Santusita-Devarāja genannt.

105. Siehe *Majjhima-nikāya* I. 395, wo gesagt wird, daß der Tathagata:

nicht das Falsche, Nutzlose, Unangenehme spricht,
nicht das Wahre, Nutzlose, Unangenehme spricht,
sondern spricht *zur rechten Zeit*: das Wahre, Nützliche, Unangenehme;
nicht das Falsche, Nutzlose, Angenehme spricht,
nicht das Wahre, Nutzlose, Angenehme spricht,
sondern spricht *zur rechten Zeit*: das Wahre, Nützliche, Angenehme.

106. In den Pali Suttas siehe *Aṅguttara-nikāya*, V. 32 ff; *Majjhima-nikāya*, I. 69; und *Milindapañha*, 105, 285. Diese sind sehr ähnlich, aber nicht ganz dieselben wie die Liste in diesem Werk.

107. In den Pāli Suttas siehe *Majjhima-nikāya*, I. 71 ff.

108. In den Pali Suttas siehe *Majjhima-nikāya* III. 221.

109. Siehe dazu *Aṅguttara-nikāya*, IV. 82, wo »Leben« als vierter Faktor der Gruppe genannt wird.

110. Über die Frage der All-Wissenden Weisheit (Pali: sabbaññutāñāṇa). Das Studium der ältesten Pali-Texte macht deutlich, daß Buddha in diesen niemals von Allwissenheit sprach. Spätere Pali-Abhandlungen wie das *Patisambhidāmagga* enthalten ausführliche Erläuterungen, in welcher Weise der Buddha allwissend sei. Im *Majjhima-nikāya*, I. 482, leugnet Buddha ausdrücklich, daß er allwissend sei, wobei er betont, daß er die dreifache Weisheit (tisso vijjā) besitze.

111. Derselbe Geist findet sich im *Majjhima-nikāya*, wo Buddha leugnet, daß er nachdenken müsse, bevor er lehre.

112. Siehe Anm. 17.

Die Hinweise auf Pali-Texte in diesen Anmerkungen beziehen sich auf die Texte, die von der »Pali Text Society« (London) herausgegeben wurden. Da die meisten davon inzwischen ins Englische übersetzt sind, können sie auch auf Englisch gelesen werden. Ebenfalls wichtig als Quelle genauer Information über den »Wurzel-Dharma« ist die »Buddhist Publication Society« (Kandy, Ceylon), die sich hauptsächlich auf Pali-Quellen stützt. Zur weiteren Lektüre über das Leben Seiner Heiligkeit des Dalai Lama siehe *Mein Land und mein Volk* (München 1962). Über die tibetische Form des Dharma und über tibetische Angelegenheiten im allgemeinen informiert das »Bureau of His Holiness the Dalai Lama«, 15 Link Road, New Delhi 14, das »Council of Cultural and Religious Affairs of His Holiness the Dalai Lama«, Dharmsala, Himachal Pradesh, India, und das Tibet-Institut, Rikon-Zürich.

Dalai Lama

Der Weg zur Freiheit

ISBN 3-426-87034-7

Basierend auf einem Text des 14. Jhdts. war *Der Weg zur Freiheit* bislang einer breiten Öffentlichkeit unzugänglich. Von den Tibetern wird er als die Essenz von 1000 Jahren Buddhismus geschätzt und als das Herz der tibetischen spirituellen Praxis angesehen. Auf der Grundlage dieses Textes erläutert der Dalai Lama mit unübertroffener Einfachheit und Schönheit die Themen Tod, Wiedergeburt, Karma, die vier edlen Wahrheiten und die Entwicklung der Boddhisattva-Ideale.

»Den Buddhismus zu praktizieren heißt,
einen Kampf auszutragen
zwischen negativen und positiven
Kräften deines Seins ...«

Knaur
MensSana

Dalai Lama

Die Freude, friedvoll zu leben und zu sterben

ISBN 3-426-87082-7

Der Dalai Lama symbolisiert wie kein anderer das Ideal der Friedfertigkeit. Dieses Ideal ist in der buddhistischen Lehre verankert, verbunden mit der Überzeugung, dass ein friedvolles Leben sich im Augenblick des Todes verdichtet und nach einem Aufenthalt im Jenseits entsprechend positive Voraussetzungen für die nächste Inkarnation schafft.
»... Leiden wie Krankheit, Altern und Tod sind Probleme, die mit dem eigentlichen Wesen unserer Existenz verknüpft sind, und wir können sie nicht durch äußere Bedingungen bewältigen. Und was noch wichtiger ist: Wir haben diesen ungezähmten Geist in uns, der für alle möglichen Probleme anfällig ist. ... Solange unser Geist von dieser Vielzahl negativer Gedanken heimgesucht wird, wird er unsere Probleme nicht lösen, auch wenn wir weiche, bequeme Kleidung besitzen und köstliche Nahrung zu essen haben.«

Knaur
MensSana

Ayya Khema

Ich schenke euch mein Leben

Die Lebensgeschichte einer deutschen Buddhistin

ISBN 3-426-87197-1

Ayya Khema wuchs als Tochter eines jüdischen Börsenmaklers im Berlin der 20er-Jahre auf. Mit fünfzehn floh sie vor den Nazis nach England, wo für sie ein völlig neues Leben begann. Als Erwachsene bereiste sie mit Mann und Kind unter abenteuerlichen Umständen fast die ganze Welt, stets auf der Suche nach der letzten Wahrheit, die ihrem Leben Halt, Sinn und Orientierung geben sollte. In Ceylon, als 56-Jährige, wurde sie buddhistische Nonne.
Ayya Khema gründete das erste buddhistische Waldkloster Deutschlands und wurde dort der geistige Mittelpunkt einer wachsenden Schar spiritueller Schüler aus aller Welt.
Ein bewegender Lebensbericht einer bewundernswerten und starken Frau.

Knaur
MensSana

Das Größte ist die Liebe

[illegible]